近代史料笔记丛刊

汪穰卿先生传记

汪诒年◎纂辑

中华书局

图书在版编目(CIP)数据

汪穰卿先生传记/汪诒年纂辑.—北京:中华书局,2007.6
(近代史料笔记丛刊)
ISBN 978 - 7 - 101 - 05609 - 9

Ⅰ.汪…　Ⅱ.汪…　Ⅲ.汪康年(1860~1911)-传记
Ⅳ.K827 = 52

中国版本图书馆 CIP 数据核字(2007)第 040732 号

书　　名	汪穰卿先生传记
纂 辑 者	汪诒年
丛 书 名	近代史料笔记丛刊
责任编辑	欧阳红
出版发行	中华书局
	(北京市丰台区太平桥西里 38 号　100073)
	http://www.zhbc.com.cn
	E - mail:zhbc@zhbc.com.cn
印　　刷	北京市白帆印务有限公司
版　　次	2007 年 6 月北京第 1 版
	2007 年 6 月北京第 1 次印刷
规　　格	开本/880×1230 毫米　1/32
	印张 7½　插页 2　字数 200 千字
印　　数	1 - 4000 册
国际书号	ISBN 978 - 7 - 101 - 05609 - 9
定　　价	17.00 元

近代史料笔记丛刊
出版说明

　　《近代史料笔记丛刊》是二十世纪五十年代中华书局规划的大型史料丛刊之一种。限于当时条件,《近代史料笔记丛刊》只出版了少数品种,后归入《清代史料笔记丛刊》中。

　　随着中国近代史研究的逐步深入,近代史料的整理亟待加强,为满足学术界研究之急需,为更广大的文史爱好者了解和认识中国近世社会的真实面貌,《近代史料笔记丛刊》现予以恢复出版。

　　恢复出版后的《近代史料笔记丛刊》在原有规划的基础上,做出适当调整:

　　一、所收史料的时间断限,上至 1840 年鸦片战争发生,下至 1949 年新中国成立之前。

　　二、考虑到近代史料的丰富多彩,本丛刊除收录具有较高史料价值的笔记之外,对于确能反映当时历史事件和历史人物真实情况的随笔、日记、年谱及其他原始资料,亦予以选择性的辑录。

三、本丛刊所收史料，以一种或数种为一册，尽量保持其原貌，在每种史料前，均由整理者撰写说明文字一则，指明史料来源、版本情况及内容提要。

四、本丛刊所收史料无分段和标点者，均由整理者按文意分段，并施加标点；原著明显错误予以径改；残缺字以□代之，错字、别字、衍字（文）、文字颠倒，改正处加〔　〕；佚文增补文字加【　】，以示区别。

五、为方便使用，整理者对史料中出现的纪事异同、文字具有特殊含义者，均加简注。

我们希冀通过《近代史料笔记丛刊》，汇集一批反映中国近代历史方方面面的史料，恳请读者予以批评指正，帮助我们在史料收集、编辑整理上日臻完善。

中华书局编辑部

2007 年 3 月

目 录

整理说明

本书为汪康年年谱，其弟汪诒年编纂。

汪康年(1860—1911年)，字穰卿，中年自号毅伯，晚又自号恢伯。浙江钱塘人。光绪二十年(1894)进士，为清末资产阶级维新派之著名人士。早年曾在张之洞幕，执教两湖书院。中日甲午战争后，汪康年愤国是日非，昌言变法图存。1896年在上海创立《时务报》，延梁启超为主编，宣传资产阶级民权思想，力言中国宜伸民权、重公理，尚创作而贱安闲，尚改革而贱守常。1898年创办《时务日报》，旋易名为《中外日报》，以记载中外大事，评议时政得失为主旨，拥护清政府实行"新政"。《时务》、《中外》两报，均为戊戌变法期间资产阶级维新派所办之重要报纸。1907年汪康年又在北京办《京报》，1910年又办《刍言报》，目的均是为了匡正时弊，以供朝廷"听采之益"；认为"如是则朝廷之势不孤，而国事亦能有所倚矣"。汪康年当时是从维护清朝统治的立场出发，主张维新改革，实行新政，对推翻清朝统治的革命主张和行动，则取反对态度。如对义和团运动，主张"乱民必宜剿，必不宜抚"，并积极支持所谓"东南互保",而对四川保路运动则力主以抚为主,致免激成暴动。这些均反映了他的改良主义的思想。

汪康年是清末主张维新变法重要人物之一,其主要的活动是办报、兴学、传播新思想,在清末颇具影响。《汪穰卿先生传记》在这方面收录原始文电颇多,对研究汪康年其人及中国近代政治思想史、报刊史,提供不少有价值的资料。《传记》中所记1907年丁巳政潮前后经过,袁世凯致端方密札,以及瞿鸿禨、岑春煊与袁世凯、奕劻的矛盾和斗争,均可供研究者参考。

本书于1938年10月刊行,线装铅印,书口印有"杭州汪氏铸版"。卷一《自传》为汪康年自订年谱,然仅记至光绪十年(1884)二十岁止。自第二卷以下为汪诒年所撰。原书无句逗,今由章伯锋整理,分段标点,订正讹误之处。

序　例

先生卒于宣统三年辛亥九月,越九年庚申九月,诒年乃有汪穰卿遗著之刊行,又哀集先生之事实,为年谱一卷,冠于遗著之首。维时诒年服务于商务印书馆,入夜始篝灯握管从事于年谱之修纂,疏漏舛误,在所不免。近年始有志于重修,因循久之,卒未下笔,甚惧来日苦短,日复一日,更无属草之时,将使先生之行谊,亦随岁月以俱逝,不获昭示来许,此则诒年所夙夜不安者也。

至二十四年某月,忽得犹子师陶德侃自杭来书,言于书箧中觅得先生所作自传,诒年大喜过望,急令寄阅,并得亡弟鸥客洛年所书副本。此稿撰于何时,已无可考,惟稿中有述及支次筠先生事,即令浙提学使支恒荣之封翁一语。考支君于光绪三十二年四月奉旨补授浙江提学使,至宣统元年九月奉旨准其开缺,是先生之自传,当属稿于丙午至己酉之间,时年四十七岁至五十岁也。顾何以只纪至光绪十年时年二十五岁为止,遽搁笔不复继续,则莫名其故矣。诒年既得此传稿,乃奋意以续修自励,以自传为第一卷,原稿有所未及者,则为之

1

缀补,期于无所遗漏。

至光绪十一年以后,用编年体,按年排次,所采事实言论,以《时务报》及庚子年《中外日报》其余诸年之报多方征求,均未觅得、《京报》、《刍言报》为根据,益之以先生所撰笔记及书札稿本,而尤以各地友人所来书札为最重要之资料,几于字字皆有来历,无征不信之讥,窃知免矣。以篇幅较繁,故分为第二、第三、第四、第五四卷。

先生于办《时务报》时,最注重于社会之事业,不以为劳,也不苦其烦,抱舍身救死之志,为兼营并进之举,稽其成绩,昔人所谓风行草偃者,不是过矣。使无中途之蹉跌,则吾国之前途,固未可知也。特将当时所办之事,辑为第六卷,先生之志事,可于此见其大略云。

第七卷为杂述,凡先生一生之言行,不列于前数卷中者悉萃焉。

先生所值之时世,一内讧外衅更迭无已之时世也;所处环境,一憔悴悲伤永无休止之环境也。百年后,人若知先生所值之时世如何,所处环境如何,则于先生何以有此怀抱,何以发此言论,可洞如观火矣。故年谱中有自光绪十一年后,特将重要之内政外交,分系于每年之下,论世知人,识者或有取焉。自传内原无大事记,今从咸丰元年起,择要补入。

古今谱传之作,义取谨严,故于本人事实外,鲜或旁及他人。论年则略为变通,于先生之挚友,其言论及行事,有足信今而传后者,辄为随宜列入,传诸人亦所以传先生也。阅者幸毋以喧宾夺主为嫌。

诒年修纂既竣,有敢举以为世人告者,先生壮年盖甚欲有所作为,初非欲以报纸自显也,以无所凭藉之故,乃欲藉报章以发纾其意见。凡所欲行者,悉于报纸发之,其见诸论议者,率可见诸实行。其立志甚弘毅,其规划也极远大,是书所纪载,尚未能尽其什一也。或仅以言论家目先生,抑未足以尽先生矣。中华民国二十六年三月,弟诒年谨志。

附 言

诒年纂辑此传记,第一当感谢亡弟鸥客,将先兄自传草稿什袭珍藏,复附以手自缮录之副本一通,全体作工楷,经犹子师陶从遗箧捡出,寄与诒年,遂以引起编辑之情绪,此最当感念者也。复次则全编脱稿后,承善化瞿兑之君将全稿自首至末核阅一过,复经犹子师陶复加校勘,匡正增改,获益良多。余若同里关承孙表兄,以所藏光绪二十六年《中外日报》全份见假,犹子幼敉以所藏《时务报》全份见假,皆为编辑时绝好之资料。此外则誊写清稿由族妹馥园女士任之,校对样本由上虞许善斋、同里张子成两君任之,有助于诒年,实非浅鲜。并述于此,永志勿谖。

汪穰卿先生墓志铭

　　呜呼！吾友钱塘汪穰卿先生殁六年矣。丙辰夏，其弟诒年以书至京师，请余铭其墓，余感先生慷慨大节，不竟其志事，为可悲也，因为志之。先生讳康年，穰卿其字也，晚年复自号为恢伯，谓灰心时事也。父养云公，母关夫人，大母关太夫人，晚年得先生甚意，顾生甫涉月，洪杨兵入杭州，遂辟地于湖州之新市。逮长英博，惊其长老。养云公以知县需次卒于岭南，先生已补博士弟子员，除丧以优行第一为优贡生。明年中式，主试者为顺德李公文田[①]，诧为奇才，将置第一，以第三篇为离骚体，梗于众议抑置第六。庚寅应南皮张文襄公[②]骋教授其二孙。壬辰捷南宫，甲午补应廷试，列三甲。时

---

① 李文田，字若农，广东顺德人，官至礼部右侍郎，光绪十五年（1889）为浙江乡试主考官。
② 即张之洞，时任湖广总督。

我师熸于大东沟,先生大愤,计非变法,不足图全,乃立《时务报》于沪上,招梁任公主编辑,议论一出,举国倾靡,以为得未曾有。先生著自强三策,弁其端,力言中国宜申民权,重公理,尚创作而贱安闲,尚改革而贱安常,开利源求新学,宣达民性振奋士气,欲化愚弱为明强,非立议院选议员不可。时执政大老,恶言民权,而先生仍侃侃力持之无摄。旋改为《中外日报》,益风行海内,西人争译述其说,诧为公允故。四明公所事起,旅沪之甬人争出与外人挢尢,而无抵冒殊扞之举,因先生言用公理以自胜也。庚子乱稔,中外骚然,先生著论归狱政府,言排外之举,其怨毒盖出于有所激咎,不尽在国民,西人颇龃其语。拳乱既弭,俄师久驻陪京①,先生合同志力争于政府,虽不效然,西士咸叹异以为中国固有人在也。甲辰母关夫人服阕,入都授内阁中书。丁未复设《京报》于都下,时老奸擅国,某某饰名姝杨翠喜以媚其子,媵金巨万遂得黑龙江巡抚。先生恶其无耻,于报中抉摘其丑,经言官论列,某遂罢斥,于是权贵憾入骨髓,嗾某部封禁其馆。先生终不以是自馁,复设《刍言报》,持论益严正,顾终莫救,而辛亥九月,武昌事起矣。时先生已病膈徙居天津,闻朝议起用项城,嘿然就枕,夜半患作,迟明大渐,时为九月十三日。先生卒年五十又二岁。生平建议不主激烈,一一中于时病,忧国之心,

———————

① 指盛京,即今辽宁沈阳。

至死无变，顾乃摧刬，不能一展其意。殁之日，余曾一临其丧。配王夫人前卒，续取陈夫人，均无子，以弟子德蔚嗣。诒年书来，言既葬于西湖之桃源岭，余因为补其铭曰：翘清以澄浊，而瞢者胡觉，朋挺恣丑日斫斲，特立不辅身焉托。鲠许务以遏过，乃莫抵乎群蠢，纯节弗遂，而国以不药。呜呼！城可烧，金可烁，万禩弗瞑此忠魄。

闽县林纾撰

同年汪穰卿先生传

呜呼！士君子丁末造不能展其经纶，以大用于世，徒抱磊落之才，坎坷以终，岂不悲哉！然而命随改玉，目不见拢攘之祸，又岂不幸哉！余传同年汪穰卿先生，感怀弥至焉。先生讳康年，穰卿其字，晚年别号恢伯，浙江钱塘人，生而岐嶷，仂学不厌。父养云公，需次粤省，囊橐萧然。先生事父孝，待弟友，处天伦之际，人无间言。岁戊寅补博士弟子员，戊子考取优行贡生。己丑登贤书，顺德李公文田本拔置第一，以孟艺用离骚体，抑第六。壬辰捷南宫，甲辰补应朝考，授内阁中书。当甲午之后，士大夫争谈时务，臆诀唱声，先生以为民气之郁久矣，宜重民权、瀹民智，用以明目而达聪。岁丙申设《时务报》于上海，戊戌复设《时务日报》，旋易名《中外日报》。丁末设《京报》于京师，庚戌复设《刍言报》，常欲以言论机关大声疾呼，发聋振聩。辛丑和议告成，俄人驻兵奉天，不允撤退。先生愤然腾电中外,慷慨力争,西报互相译述,以为中国有人。当此之时,先生名闻天下,顾以直言故,数忤权贵,屡挫折之。先生外维世变,内审国情,身世之感,益悲从中来矣。辛亥秋,武昌事起,全国骚然,先生不主过激,怒焉重以为忧。会九月十二日夜,友人密函告起用项城,先生阅毕嘿然遽就枕,夜半家人闻呻吟声,则先生已疾革不能言,明日遂瞑。呜呼!是所谓忧能伤生者,非耶,抑其先几之智邪?余于先生为同年交,旅京过从,相得甚欢。丁未四月,余营葬先妣事毕返京,遇先生于轮舶中,相与言朝政之日非,祸至之愈亟,先生洒涕沾襟。余兼痛家国之沧桑,亦不觉泣数行下。维时天风浪浪,若与悲怨声吞吐相和;海山苍苍,亦如变色有无穷之恨。远方羁旅,聚观惊诧,以为若何为者,两人始敛容退。自是不通音问者数年,而先生竟死矣。戊午先生弟颂阁,以其遗籍捐置上海工业学校之图书馆,复寄先生之年谱、墓志来乞传。余读之,幽光毕阐,无遗憾矣。第尚有阙者,辛亥之夏,学部广征名流开教育会,综核同异。维时废经之说已盛行,先生力持正议,谓读经关系世道人心,决不可废。又以高等小学已上,男女同学,中国尚非其时,援据内则,侃侃争辩,众人非之而不顾。迄于今世,群经之大义,孔孟之微言,先民之礼法,扫地殆尽矣。论者谓吾清之亡,亡于废经,追思先生之言,能无精心而疾首与!余故复为之传,俾后之同志,得以考鉴焉。

论曰：孟子言，是非之心，人皆有之。而庄周则曰：彼亦一是非，此亦一是非。盖治世之是非公而一，乱世之是非私而歧，后起之心术，因世而异矣。余主工业校，庚戌岁以事黜某生，某生遽摭拾细故，列报章丑诋余。先生大恚，移书报馆，谓是非宜明，何颠倒若是；然不令余知也。呜呼！凡国之否，先兆于无是非。今兹是非尚有存焉者乎！余于先生之殁，所以累叹欷歔历久而不忘者，非仅为一人之私痛而已，痛乎是非之公之遂亡也。

太仓唐文治撰

卷一 自传

弟诒年校补

诒年按：先生以咸丰十年庚申正月初三日生，故小字初官。初名灏年字梁卿，年十九更名康年字穰卿，中年自号毅伯，晚又自号恢伯。

余家世居安徽黟县之宏村，至八十二世文宇公讳元台为余十二世祖，于明万历间，以业醝至杭，遂家于杭，居普宁里，盖即今之谢麻子巷也。至孙育青公讳时英，为余本生十世祖，以盐务习气重，遂弃盐而以当业资生。其后子孙蕃衍分支十数，至介思公讳光豫，为余七世祖，始卜居荐桥之馆驿，后始名振绮堂。余家自迁杭至此，时垂百数年，以历代勤俭积累，颇以富著，有关、汪、孙、赵之称，而科名则未显。至介思公长子鱼亭公讳宪，为余本生六世祖生于康熙六十年，卒于乾隆卅六年，乾隆甲子科中式举人，乙丑科成进士，始以科名著称，而鱼亭公联捷后即南归，后于戊寅入都补刑部陕西司员外郎，次年即请终养假回杭，不久居京也。

余家世以藏书为事，至鱼亭公益加搜罗，于是振绮堂藏书之名始著。介思公二子，长即鱼亭公，次容谷公讳宽为余六世祖。

鱼亭公有四子：长为涤源公讳汝璨，亦居馆驿，后堂名燕绥，余高伯祖也；次即春园公讳璐，堂名振绮，余高祖也；三为复岩公讳玮，堂名怀新；四为天潜公讳瑜，堂名纪宜，均余高叔祖也。江苏书局所刻自然好学斋诗集及明三十家诗选初二集，为女史端选撰，夙为诗家称述，即天潜公女也。容谷公无子，鱼亭公以春园公嗣之。嘉庆初年，涤源公以己年已老，天潜公将移居苏州，春园公平素嗜书、即举藏书畀之，以保守之责相属。故春园公于兄弟行虽居次，而袭振绮之名。

诒年按：乾隆间诏开四库馆，征求海内遗书，余家进呈善本书百十种，因涤源公居长，故由公具名。今《四库书目提要》中各书目之下，有注曰汪汝瑮藏本者皆是也。当时藏书家浙东称范氏天一阁，浙西称汪氏振绮堂，此外又有吴氏瓶花斋、赵氏小山堂，然不久皆散佚不存。

诒年又按：振绮堂藏书，自咸丰庚申、辛酉两次兵焚后，已散佚殆尽，惟藏书目录则尚幸存留四种。一为最初本，何人所辑，辑于何时，无明文可考，以经、史、子、集四部为次，每部复分若干门，凡御制、御篆、钦定、御选、御刊各书，皆立于各门之首；四部内惟经类书间注卷数及撰人姓名，余则但著其册数而已，此目前为吾杭丁氏所藏，后归江南图书馆。次为朱明斋先生文藻所辑之振绮堂书录，凡各书之序跋与原书有关系者，率全行载入，间或详叙其内容。每书之后，必标明为刊本为钞本，凡曾经名人校勘者，其评论及跋文以及收藏家之印记，悉详载无遗；于各本之异同及原书之真伪，亦间有考证，实为讲求目录学者不可少之书。惜前三册及末一册均已失去，仅存六册耳。其次为先高祖春园公讳璐之藏书题识，盖即朱书之节本，择各珍帙之评跋写录成书，时则嘉庆九年甲子，距今一百三十三年也；惜后三卷已失去，仅存前二卷而已。又其次则为嘉庆二十四年，先曾祖十村公讳诚所编之书目五册，首冠以乾隆三十九年颁赐书籍之上谕，次以进呈书一百十种之目录，其下则分四部编次，于撰人之仕履，全书之内容，版本或抄本之源流，亦间有叙述。又次则为先祖少洪公讳迈孙，先叔祖蓉垞公讳遹孙合编之简明书目二册，曾经长洲陈硕甫先生叅订定，盖依书厨编次。前三厨为圣训及御制、御纂、御批、钦定、御选各书；第四、五厨为宋元版书籍；第六厨为先代稿本、校本、批本及家刻各书；第七至十三厨为抄本经、史、子、集四部书；第十四厨至二十三厨为刻本书。编辑年月无可考，大约在道光二十七年后咸丰纪元前矣。以上题识一种、书目三种尚存余家。

春园公子一，为十村公讳诚，余曾祖也。有子六人，长为大伯祖小米公讳远孙，好学，著书甚富，多接海内名流，声誉最著；次为二伯祖又村公讳适孙；三即余祖少洪公讳迈深；四为四叔祖蓉垞公讳遹孙；五为五叔祖子惠公讳迪孙；六为六叔祖幼能公讳述孙。当十村公时，家资不及十万，十村公以子息蕃衍，乃艰难经营，至易箦时，家资可得四十万。故小米公内办婚嫁，外接宾友，尚得支持，惟时吾家富名大著，号称百万云。

诒年按：小米公所著书有《国语三君注辑存》、《国语韦注发正》、《国语明道本考异》、《汉书地理志校本》、《借闲生诗词》五种，版今尚在。又有《诗考补遗一种》，则版已不存。又有《借闲随笔》一卷、《经典释文补续偶存》一卷，则由先生于宣统二年编入振绮堂丛书内。公原配梁孺人讳端字无非，著《列女传校读本》；继配汤孺人讳漱玉字德媛，著《玉台画史》，半为公所订正云。

诒年又按：小米公又好刻书，其书版今尚存者计有《尚书古文疏证》阎若璩著、《左通补释》梁履绳学、《咸淳临安志》仿宋本、《北隅掌录》黄士珣撰、《湖船录》厉鹗辑、《道古堂全集》杭世骏撰、《沧江虹月词》汪初撰、《莲子居词话》吴衡照撰、《瓶笙馆脩箫谱》舒位撰等。此外尚有《御题曲洧旧闻》、《御题书苑菁华》、《诗毛氏传疏》陈奂学、《辽史拾遗》厉鹗撰、《辽史拾遗补》杨复吉撰、《水经注释》赵一清录、《水经注笺刊误》赵一清撰、《三祠志》汪家禧撰、《东城杂记》厉鹗撰、《两般秋雨庵笔记》梁绍壬纂、《太上感应篇笺注》惠栋注、《元赵待制遗稿》赵雍撰、《松声池馆诗存》先高祖讳璐撰、《自然好学斋诗集》汪端著、《东里生烬余集》汪家禧撰、《辛卯生诗》吴衡照撰、《冬荣草堂诗集》李堂撰、《明三十家诗选初二集》汪端辑、《词综》朱彝尊辑，则版片已无存。

诒年又按：小米公性甚好客，尝集江浙名流，结吟社于所居之东轩，预社者先后凡七十六人，每月一集，命题赋诗，其后乌程费晓楼先生丹旭为作东轩吟社图长卷，须眉如生，时推名笔，今尚保存。公殁后伯祖又村公乃取社中积存之诗及文词，编为《清尊集》十六卷，精刊印行云。

小米公于道光十六年下世，惟时房分众多，振绮之屋不复能容。于是二房卜居贺衙巷，为俭永堂；余祖购得振绮堂隔壁之屋，名道福堂；四房迁居冯山人巷，六房迁居嘉兴，惟大房、五房仍居振绮老屋。

余家自十村公捐馆后（嘉庆二十四年）至二伯祖又村公及余祖少洪公捐馆时又村公卒于道光二十三年，少洪公卒于咸丰三年相距三十余年，家用日渐繁费，且资产以分而见少，计彼时每房所得产业不过数万字画古玩等不在内，至书籍则不分。余三房仅与大、五两房分得当业两处，一在临平，一为大方伯里之文泰当。少洪公下世后，临平当忽被劫，时家中计议，拟将文泰当让与他人，即以所得之赀，供临平当之赔款。讵料文泰管事韩姓，久将当本亏蚀，每年吾家虽派人往查，然韩百方弥缝，查者率为所蒙蔽，至此不复能隐，则至吾家长揖漫云，所有架本已代为捐充善举矣，语毕遂扬长而去。吾家仓猝无策，乃将道福堂屋典与吴姓，议价六千串，先收三千串为弥补临平当之需。是时家中景况已非昔比，即大乱不起，亦不能支矣。

少洪公四子，长子望二伯讳曾立，为孙太君所出，余皆关太宜人出，次即先府君养云公讳曾本，三为子义八叔讳曾学，四为子行十四叔讳曾笃。先府君于咸丰元年辛亥恩科中试举人。二年壬子，随外祖关东培公讳福章入京会试，已而东培公在京捐馆，先府君为经纪身后事，即扶柩回杭。咸丰三年癸丑丁外艰。五年乙卯服阕，后报捐教谕。是时江宁失陷已数年，烽烟之警，时有所闻。九年己未冬，先府君与余母关宜人奉祖母关太宜人避居于三角荡外祖家中，挈之同往者为余之大姊、二姊，尚有余一兄后殇于江西。十年庚申正月，关宜人产余于三角荡。

附大事记　咸丰元年闰八月，洪秀全立国于广西永安州，号曰太平天国。三年，南京为太平天国所占领，建为天京。

是年二月，粤军至杭，由凤山门入，三日即退。余家老少，暂避近地，未受损害。外房之居故屋者，大率殉难。粤军虽退而恶耗仍时至，适先府君奉署景宁教谕之檄，私冀地僻左可避兵祸，遂全家赴任。不意彼处为浙闽、江西来往便道，加以知县为江宁人李立峰，贪酷不恤民隐，去任时被乡人篙沉诸河。继之者为管念先，则迁骏，惟惧亏空，寇警不设侦探，故两年余粤军三至，先府君皆奉关太宜人避乡间。幸先府君平日待诸生诚笃，有所问谆谆相告，或飨以酒食，故诸生感先府君亦甚厚，颠沛之际，争先迎致，食宿不致缺失，然已极艰困矣。

附大事记 咸丰七年十二月,英军袭占广州,拘两广总督叶名琛,囚诸印度。十年七月,英法联军又由津入京,清帝避往热河。十一年七月,清帝崩于热河行在,皇长子即位,下诏明年改元祺祥,旋命改为同治。十一月,太平天国占领杭州,官民死者以亿万计。

先君念景宁非可久居,同治元年壬戌之冬,乃作避地之举。时有杭人吴锡侯先生晋元者,管大令挈之至县,使办书启,其兄艾生先生恒元避难踵至。管既去任,锡侯得江西余干县之馆,于是先府君乃属吴氏兄弟护眷至江西,居余干县之社洪镇。

诒年按:先生是年三岁,初读《尔雅》,由先府君口授,日数十字,琅琅成诵。关太宜人在羁旅无聊中,时为之破颜焉。

二年癸亥,先府君入都会试,报罢乃纳赀为盐大使,指分广东候补。时轮船未行,乘夹板船由海道往。家中得信,即邀吴氏兄弟结伴同行,度梅岭至粤时,先府君亦属八叔父至社洪相迎,除夕方至,则全眷已先期行,乃废然独返。惟时先府君既无先业可守,而试又不利,遂不得不倚官为生矣。

诒年按:先生自始至四岁,无日不在奔走流离中,至是始获宁居。及长而身体羸弱,大半盖因此。

先府君至粤,初无可恃之人,惟时子用三伯讳曾唯,于爨前之官湖北,子常四伯讳曾守,后改守正,亦爨前之官河南,子复九叔讳曾复,燹前之官湖南,子栗十叔讳曾事,于庚申避乱后之官江西。先府君以至山曾叔祖讳阜为,涤源公之长子及小逸叔祖讳秉健,为至山公之侄,两代宦粤,情形熟悉,宜可依恃。到粤始居三多坊,屋圮乃移居净慈街;已而又将圮,全家仓皇避于学宫街。小逸二叔祖遂卜居白薇巷,是皆同治三年甲子、四年乙丑余五六岁事也。

附大事记　同治三年三月,清军收复杭州。六月清军收复南京,大平天国于此告终。

余六岁时,关太宜人五十七岁,先府君及关宜人均三十四岁。是年余第三妹生后适高氏,先后雇两乳媪,咸不终事去,故后来二弟、三弟咸关孺人自乳。先府君初涉官场,谨守书生本色,故不能得志,辄与关宜人计议,斥卖金珠数千金,加捐花样,冀早补一缺,积数年所人,仍返家园,得免官场挤轧之苦。讵料事出意外,经手之人辄拐物逃去。由是遂浮沉宦海,日处愁城。先府君郁郁终身,半亦坐此。

五年丙寅余七岁。移家光塔街。是年二弟诒年生。先府君得□①庙缉私差,六月期满谢归。

六年丁卯余八岁。正月移家大市街。二月小逸叔祖下

_____

① 原文如此。

世。是年先府君得芦苞缉私差。余少时皆在家中读书，先府君自课，有时由关宜人或吴艾生先生督课。是年始延沈先生授余读，而沈先生有所不满，端节后辞去。先府君乃自差次归，携余至芦苞读书。八月差满，挈余旋省。

余家至粤省，八叔父先已携家在粤，前后数年，咸馆于南雄等处。余八岁时，八叔父乃携伯宇大兄玉年至省，即居余家。其后二年，八叔父无事，即授余读，伯宇大兄亦同学。

八年己巳秋，八叔回杭，时伯宇大兄年十三岁，余年十岁，一时无读书所。适杭之周麟趾先生设馆天香街，先府君拟使余及伯宇大兄从之游，乃于是冬移至天香街，星极逼窄，顾无如何也。

先府君自卸芦苞后，直至是年，绝无薪水之入，家用自借贷而外，辄从事质当。余自幼年，常闻长者忧叹，时复泪盈于睫。每见关宜人时时手质券与先府君议，若者不能不赎，若者只得暂缓，若者只得听其满去。维时有支次筼先生即今浙提学使支恒荣之封翁，附居余家指大市街，彼初至粤，遇事须先府君为导，无能为助也。直至是年始得□□①差，涸辙之鱼，稍有生机矣。

九年庚午，余年十一岁，仍从周师读。是年九月，伯宇大兄回杭。十月大姐适同县楼笙谐先生凤清长子师韩绛。十二

---

① 原文如此。

月三弟洛年生,时先府君已差竣回省。子周大伯讳清冕,为小逸公之长子署大洲场期满回省,与先府君皆有得盐务公所差使消息,乃僦屋豪贤街同居。子周大伯及子购二叔讳清宇,为小逸公之次子及三婶母居前一重,余家居后园旁一重。

十年辛未,余年十二岁,时子周大伯延秀水汪鲈秋先生熙纯授二子伯唐大燮、仲虞大钧昆弟读,余与二弟亦从之读。先府君与子周大伯同至公所,理职务甚勤瘁,顾月所受俸杂以他款,不过五十金,故虽差事冲要,而家仍拮据。九月长甥楼思诰生。

十一年壬申,余年十三岁。时子周大伯赴瞰白场署任,先府君以欲近公所,乃卜居南门外之东横街,而延鲈秋先生授余兄弟读,子购二叔之内侄金氏兄弟来附读。如是者二年,子周大伯则延无锡秦颂丹先生凤墀同赴任,课伯唐、仲虞二人读。

十三年甲戌,余年十五岁。先府君始以劳绩得小淡水盘查厅事,名为缺实差也。然是年所入最优,大约可得四五千金。先府君偿宿债之余,稍稍购买书籍,时时与余指说之。是年改延吴锡侯先生于家专课余兄弟二人。吴师循循善诱,后以他事辞去。

光绪元年乙亥,余年十六岁。延萧山韩砚庄先生亦潮为师,周麟趾先生所荐也。是年三弟始上学,韩先生已耄七十五岁,不复能尽心馆事。

二年丙子,余年十七岁。乃于每月三、八日至子周大伯家从秦颂丹先生习作八股文,而延桐城姚兆南先生丽泽授两弟一甥读。

三年丁丑,余年十八岁。先府君欲余专心学业,乃令余寄宿子周大伯家从秦师习业。姚至秋间以恶疾辞去。

附大事记　光绪元年正月,英员马嘉利在云南蛮允地方被戕。二月派李瀚章往云南查办。二年七月,命李鸿章与英使威妥马在烟台订立条约,了结滇案。

自元年乙亥,先府君卸小淡水盘查厅后,复闲居无事。其冬闻有得补大洲场之说大洲为广东盐务第四缺,乃藉京饷差之便,入京探之,顾不能得。先府君念盐大使补缺无期,而得差之途亦窄,拟捐升知县,乃以小淡水余款为捐资,而假贷以足之,遂于三年丁丑之冬入京引见,四年戊寅正月回粤。二月值关太宜人七十生辰,时八叔父在福建学使孙子授先生诂经幕,亦先期自福州来为太宜人称觞上寿。

是年余十九岁,先府君即遣余回杭小试,时以两次入京,耗费不支,故行时除船资外,惟得二十元为资用而已,别与通志堂经解一部,令售去为进学后之用。与余同行者为伯唐族兄及王子良表弟为幹、许清如□□①、朱季良承瑗诸君,至上海

———————————

① 原文如此。

仅停一日即行。

余到杭后，即与伯唐大兄住二伯父家中，盖燹后各房之官于外者，家中之屋率托二伯父照管，如子栗十叔父振绮之屋五房与大房本共分得振绮屋，而十叔之子鼎年又嗣于大房，故归十叔一人，并其余市房子周大伯父燕绥之屋皆然。二伯父所住即燕绥堂正屋旁之花厅。至道福之屋，为先府君与二伯父共有者，燹前典于吴氏，仅收半价，故仍归余家管理，出租于人，而以月租三之一归吴，亦由二伯父管理。余与伯唐兄到杭后，展谒祖坟，拜候尊长，仍从邓莲裳先生读，附膳于程氏之家在九曲巷。迭应分司、运司两试，皆不得高列，而均得终场。故事，分运各试四场，每场必汰若干，有不被汰四场均得入场者，谓之终场。五月院试，蒙学使善化黄恕皆先生倬取入钱塘县学伯唐第八，余第十。然需用浩繁，余绝无可筹措，幸所携通志堂经解，承丁松生丈丙为售诸某君，得墨银九十元，得为入学后一切用度。秋间回粤，尚向伯宇大兄假银数元，始得成行。

是年秋，先府君得九龙厘厂差厂设香港，时关太宜人年高，精力已不如前，十月初忽得疾，日下痢十数次，势极危殆。先府君急自差次回省侍疾，延胡楚材先生诊治，始得转危为安，然元气已大损。冬徙居大市街以东横街屋第一进之右间，房主须圈去自用故。

附大事记：是年二月，左宗棠奏报收复新疆全境。

五年己卯，余年二十岁。夏初关太宜人痢疾复作，重以年老气衰，遂于五月弃养。家故屡空，猝遭大故，尤束手无策。先府君既丁忧，依例当辞差。幸主者知府君清贫，乃展延二月始别委人，使吾家得数月之薪水为资用。当关太宜人病时，先府君已急函召八叔父回杭。八叔父自杭之申，复自申之粤，关太宜人已辞世数日矣。

七月初，先府君与八叔父扶枢回籍，令余随行即赴乡试，子周大伯亦令伯唐族兄扶小逸二伯祖枢同行，时附伴回杭乡试者尚有王子良表弟、朱韵松姊丈_{承琳为伯唐之胞姊丈}及张雨生_{景羲}诸人。子煦二叔别趁船至港相送。到杭后，乃住二伯父处数日，余即与伯唐兄及朱、张二君僦居贯巷考寓，取入场近便，且家中实不能容也。余是科场作文字甚不惬意，然先府君以属望之深，颇奖许之，余意益不宁。榜发果报罢，余与伯唐兄均随先府君返粤。

家中延师，自三年丁丑姚先生辞去后，四年戊寅延嘉兴沈伯镕先生_{申锡}，不半年辞去。其间由关宜人及余督课。五年己卯，始延番禺陈兰甫先生之侄月湖先生为师，课二弟、三弟及楼甥读。

　　附大事记　是年三月，琉球为日本所灭。我国藩属被人侵夺，实于此役开始。

六年庚辰，余年二十一岁，家中不复延师，即由余课二弟一甥读。时二姊已许字归安陈氏姊丈陈季园其梁，为归安陈容叔先生第三子，幼病喑。容叔先生官于鄂与子用三伯父相得，三伯父以二人同病，当相宜，遂为作伐。是冬陈姻丈遣次子骏生其镳送季园姊丈至粤就姻。先府君权宜许之，乃暂僦对门秦宅前进之屋为成婚之地，而新房仍设于家，交拜既毕，新郎新人即迎至余家，以归简便。不匝月，余承严命，送二姊等至鄂之嘉鱼时陈姻丈署嘉鱼县，余始得见三伯父于河口厘局中。冬间余复以间，省觐笙谱母舅受均于河南之大胜关土名仙花店。

七年辛巳，余年二十二岁。正月自湖北返粤，时家已自大市街复迁于东横街，仍居故宅。余仍课二弟一甥读。至秋冬间，二弟乃从秦颂丹先生习作八股文，直至次年夏秦师往南京应乡试始止。

诒年按：先生是年始从番禺石星巢先生炳枢，后改名德芬习举业，石先生为广东名孝廉，与先生甚相契，师弟之谊至笃。

先府君自五年己卯秋自杭返粤后，怅怅无所之，幸其时楼次园年丈震方任肇庆府知府，延先府君司帐务。六年庚辰，楼年丈卒于官，其时沈廉仲姻丈宗济总办临全大江局局设广西梧州，延先府君佐其事。时子常四伯，蒙曾忠襄保举，入京诊慈禧太后疾，声气稍通。先府君因是得海关事，月约得八十金，时已将服阕矣。已而归安姚彦侍方伯觐元任广东藩司。

姚之先世，与小米大伯祖雅有交谊，颇器重先府君，故七年辛巳，先府君服阕后，官场中均谓将可得志云。

附大事记　是年正月，曾纪泽与俄国订立交收伊犁条约二十款，又陆路通商章程十七条，将五年八月崇厚擅立之新约完全改正。

八年壬午，余年二十三岁。家中延苏乐川先生课三弟及楼甥读，余仍从石师游。入夏，先府君忽得疾，继乃成疟，先延归安凌初平世丈级曾诊视，以用药不适宜，久勿效，已而改请本地吕姓医生，稍见轻减。先府君甚以康年试事为意，病中犹筹川资，使康年偕伯唐大兄回杭乡试。先府君病旋稍愈。适七月考帘，凡各省乡试，前期由藩司调取正途出身之州县先行考试一次，谓之考帘，考后分为内帘、外帘。在内阅卷者为同考官，谓之内帘；充场中各种差务者，谓之外帘；调充内帘者实任、署任、候补皆有之，得内帘后，候补者往往可因劳绩得差缺。先府君考后疾复发，乃告假不入场，久之愈，而以饮食稍失宜，病又发。时康年在杭试既不售，而资用乏绝，苦不能成行。幸丁松生丈属带刻书资百元，朱茗笙年丈智属带购木器资百元，得资挹注。逮至粤家，又由东横街移桂香街，先府君已缠绵床第，于十一月十一日长逝矣。呜呼痛哉！盖先府君自幼即以文学优长见重于乡党，举于乡时，年才弱冠，声誉甚盛。迨及壮年，迭遭变故，亲老家贫，入赀为吏，已非本怀。顾仍不能得志，抑郁寡欢者几二十年，元气本虚，疢疾乘之，遂一瞑而不视矣。呜呼痛哉！临终初无所言，惟病中谆谆训康年兄弟不可废书不读而已。

诒年按：先府君弃养时，诒年年十七岁，三弟洛年年十三岁，诸姊妹中惟适陈氏仲姊在湖北，适楼氏长姊挈子思诰居余家，三姊未字年十八岁。

是时家中骤遭大故，四顾无可依倚，家中绝无蓄积，而遗债至五千金，中有必须归还者可二千金，略有价值之物，悉付质库，其未质者又于己卯年十一月被贼窃去，遂益虚罄，举家皇皇无可为计。幸赖子周大伯、子购二叔照料殡敛，诸务仅得如礼，而日后之计，乃全无把握。幸此时曾忠襄方任粤督，与姚方伯皆垂念吾家，乃设法以一盐务例差委大伯，以一地方例差委二叔，咸令以所得为我家行资。此等差事，官场甚多，名为公事，实用为调剂也。计二差可合得千余金。

九年癸未，余年二十四岁。关宜人深恐归计尚不易，就令余至京师见子常四伯父谋之。时石星巢师将赴京会使，余乃附伴同行。四伯与以致曾忠襄及粤海关监督某两书，并属以速设法回杭为正办。余得书即遄回粤，时九年二月杪也。后二差所得，以渐齐集，关宜人乃奉枢并率全家附轮舟动身，计余兄弟三人，大姐及楼甥思诰，并三妹，计亲丁七人，仅携一老仆妇同行，家具虽不多，而极累坠〔赘〕，除衣箱书箱约二十口外，尚有代朱茗笙年丈所购红木器具，而自复带二号红木公式椅一堂，拟卖之为葬资也。至上海停二日，雇满江红船一艘，以前舱安奉灵柩，中舱及后舱居眷属。又雇乌山船一艘，装笨重器具，向杭州进发。不意行未数日，舟忽破漏水，灌入舱中，书物半被淹浸，至石门停舟晾衣书，则至杭以十元托扶雅堂为之收拾，虽尚可翻阅，而已多污损矣。

先时，余预计到杭后，若停舟觅宅，为时过缓，乃函托某君属其代觅数宅，俟余等到杭后择用。及至时，以途中被水，急欲入屋休憩，亟往询之，乃直言未觅。异而询之，则云热甚，孰耐为此。时仲虞族弟先已在杭，乃为代定延定巷，屋〔房〕屋极低下，同居猥杂。盖租楼厅五开间之半，而同居连房东共约四家，惟月租仅二千八百文耳。顾无奈何，遂移入之。府君之柩，则于船到次日奉厝于桃源岭相近之攒基。

时余家甫至杭，而资已垂尽，幸朱茗笙年丈为觅得书局分校事，月得薪水十六元，藉以支持日用。延定巷屋既不堪，而房东尤恶劣，每夕必醉，醉则夫妇二人诟谇不休，声震一室，余家咸不得安睡。时宿舟河下胡宅适有空屋，伯宇大兄来言，乃即迁往，虽亦止租半进，而地段房屋及同居之人胜于延定巷多矣。先时拟售所携红木椅为葬资，乃竟不能售，而关宜人则以为葬事不宜久延，乃以残余之饰物质得百余元为葬资。余得吴氏馆生徒二人。长名源字子蕃，为王夑石年丈文韶之嗣甥；次名灏字子琴。是冬，余即往汉口吴宅在汉口石马头就馆。二弟遥从伯宇大兄习举业，兼课楼甥读。三弟则入宗文义塾，盖一

29

番风浪之余，此时始略定矣。

十年甲申，余年二十五岁。三月自汉回杭，时关宜人以家中人少，乃为余缔姻金坛王氏简庭先生希曾长女。是年冬腊，子用三伯全家回杭，适陈氏之二姊随之归宁。

诒年按：是年夏，关宜人患病甚剧，水浆不入口，昏迷不醒者数日。先生先后延请同里王保和太守及余杭仲茆亭先生诊治，亲侍汤药，忘寝废食，昼夜不懈，卒得转危为安，至秋病乃大愈，人咸以为孝思所感云。

又按：先生是年仍馆于吴氏时吴氏亦由汉回杭，居里堂巷。至十五年己丑入京，始辞馆，月得脩金八元，并书局薪水，计之才得二十四元。一家数口仰赖于是，米盐凌杂，时虞不给。关宜人因是常郁郁。先生先意承旨，所需辄预为之备，不使关宜人忧虑。每自外归，辄举里巷琐谈宾朋轶事，娓娓陈述，以娱亲心，关宜人间为之解颜云。

附大事记　自去年至本年，法国侵略安南，迭陷诸要地，旋又侵入我国台湾及福建，继又攻陷安南之谅山，此后和战始末。均详见卷二年谱第一页。

卷二　年谱一

光绪十一年乙酉　西历一千八百八十五年

四月与法国订立媾和条约十款，承认法国在越南之政权。按前二年即光绪九年，法国侵略越南，连陷越南各地，复进攻谅山，为我军所败。旋又攻陷台湾基隆炮台，据澎湖岛，封锁台湾海口。又攻毁福建南台船政局，击沉扬武等兵舰七艘，既而又攻陷谅山。至是年二月，我军始将谅山克复，至四月，遂与法议和订约。十一月缅甸为英国所灭。

先生年二十六岁，元配王宜人来归，是年应浙江乡试，荐而未售。

光绪十二年丙戌　西历一千八百八十六年

六月，与英国订立条约五款，确认缅甸为英之属地。

先生年二十七岁，浙江学政善化瞿子玖学士鸿禨按试杭州，先生应岁试列第一名。诒年亦以第一名入钱塘县学。

是年三妹适仁和高友苏先生德麟嗣子经笙人俊，住绍兴前梅。

光绪十三年丁亥　西历一千八百八十七年

正月慈禧皇太后归政,仍训政数年。

先生年二十八岁,应科试仍列第一,是冬补县学廪膳生。

光绪十四年戊子　西历一千八百八十八年

先生年二十九岁,乡试报罢,学政瞿学士考试浙江优行生员,选取六人,先生列第二,余五人为黄岩王玫伯舟瑶、鄞县袁姚臣尧年、诸暨蔡臞客启盛、黄岩管德舆世骏、瑞安孙伯陶诒钧。旋因管君于是科中式,因易以备取第一名上虞王葆堂恩元。

是年典得金洞桥施氏屋一进,即从宿舟河下迁入。先是馆驿后屋经于燹,前典与吴氏见卷一自传第四页,燹后某年,子望二伯父以需用故,复押与候补【知】府李采田太守审言。余家回杭后,未几时,李太守因押限已满,本银无着,令首县将屋发封召卖。吴氏此时也以本利无着,起而争执,先生不得已,出而理处,左枝右梧,备极困难。如是者约两年之久,至是乃觅得受主,将所得屋价归还吴氏、李氏两款,所余已无多,除酌留若干为次年北行川资外,即以余款典得施氏屋,奉母居住。

光绪十五年己丑　西历一千八百八十九年

先生年三十岁,是春入京应优贡朝考列第三等,旋考取八旗官学教习。秋复回杭应浙江己丑恩科乡试,中式第六名。同考官为广东周□□①大令学基,主试为顺德李若农少詹事文田、衡山陈伯商编修鼎。首题:"君子之道,孰先传焉,孰后倦焉,譬诸草木,区以别矣。"②次题:"日月星辰系焉。"③先生以吸力解系字,罗列最新天文家言,原原本本如数家珍。三题"由孔子而来"④一节,诗题:"赋得与君约略说杭州,得州字五言八韵。"李詹事得先生卷,深为赏异,谓于新旧学均有根底,非一时流辈所及,欲拔以冠多士,寻格于众议,谓第三艺作骚体,不合科场程式,乃改立第六。是科伯唐兄大燮,伟斋从弟鹏年同榜中式。

诒年按:余家自本生六世祖鱼亭公讳宪于乾隆甲子、乙丑科联捷成进士,高祖春园公讳璐于乾隆丙午科乡试中式,曾伯祖觉所公讳阜,为伯唐族兄之曾祖于乾隆壬子科乡试中式,曾祖十村公讳诚于乾隆甲寅恩科乡试中式,大伯祖小米公讳远孙于嘉庆丙子科乡试中式,先君养云公讳曾本于咸丰辛亥恩科乡试中式,嗣后亘三十九个,无继起者。至是乃有三人同时登科,人咸以为佳话。

---

① 原文如此。
② 见《论语·子张》。
③ 见《礼记·中庸》。
④ 见《孟子·尽心》。

光绪十六年庚寅　西历一千八百九十年

先生年三十一岁,会试报罢,应两湖总督张孝达尚书之洞之招,课其孙刚孙、道孙兄弟,旋在自强书院任编辑事,又充任两湖书院史学斋分教,一时名流之在张尚书幕中及官于武昌者,先生皆与纳交。时则有若武进屠敬山寄,所著书有蒙兀儿史记、黑龙江会典舆图、中学中国地理教科书、结一宧骈文。又有黑龙江道里驿程记、洛阳伽蓝记考证、结一宧诗文集尚未刊行。无锡华若溪世芳,著有恒河沙馆算草谢钟英钟英,著有三国疆域志补注,□□□①遗集,徐仲虎建寅,著有欧游杂录、兵法新书,译有德国议院章程,丹徒姚石泉锡光,著有东方兵事记略、各国兵制考,江阴缪筱珊荃孙,著有艺风堂藏金石目②,又印有云自在龛丛书,归安钱念劬恂,著有韵目表、史目表、唐韵表、光绪通商综核表、中外交涉类要表、帕米尔图说、中俄界约校注、财政四纲、日本政要十二种、二二五五疏、金盖樵话、有清进书表、清骈体文录赋类、同上典纶类,瑞安黄仲韬绍箕,著有中国教育史,石埭杨仁山文会,义宁陈伯严三立,著有散源精舍诗,宜都杨惺吾守敬,著有禹贡本义、汉书地理志补校、三国郡县志补正、隋书地理志考证、水经注图、水经注疏要删、又要删补遗、又要删续补、历代舆地全图、古印林、钟鼎彝器拓本、钟鼎拓本、望堂金石初集二集、寰宇贞石图、晦明轩稿、日本访书志、留真谱初编续编、楷法溯源、邻苏老人手书题跋(此书为杨君身后其孙先梅、先桔所辑印),又有水经注疏、三续寰宇访碑录,书学迩言在待刊中,新化邹沅帆代钧,著有西征纪程,已刊行;又有乘桴日记、五洲地志、直隶水道记、湖北水道记、测绘

记要及诗文集各一卷在待刊中，又译印西文地图，详见第六卷，绵竹杨叔峤
锐，有说经堂诗草，系民国初年商务印书馆所辑印，达县吴筱村德潚及其子
铁樵樵，厦门蔡毅若锡勇，著有传音快字、连环帐谱，番禺梁星海鼎芬，有
节庵先生遗诗，系梁君卒后龙游余绍宋所辑印，归善江孝通逢辰，□□①辜
鸿铭汤生，著有幕府纪闻。诸君皆先生之至好也。

诒年按：右条所列杨惺吾君所著书籍二十三种，又历代
舆地全图二十四册，皆据观海堂书目列入，著述之富，盖甲于
同时诸流辈。然据杨君自著年谱所载，则尚有论语事实录、
补汉书古今人表、汉书二十四家遗注、古地志、补古文存、古
诗存、丛书举要、集帖目录、邻苏园帖九种。

是年三弟洛年入仁和县学。

光绪十七年辛卯　西历一千八百九十一年

先生年三十二岁在湖北。

光绪十八年壬辰　西历一千八百九十二年

先生年三十三岁，入京应会试中式第二十七名。总裁为
常熟翁叔平尚书同龢、寿阳祁子禾尚书世长、宗室慎斋学士霍穆
欢、贵筑李苾园学士瑞棻。首题为："君子矜而不争，群而不党。
子曰君子不以言举人，不以人废言。"次题为："斯礼也达乎诸

---

① 原文如此。辜鸿铭，福建厦门人。

侯大夫及士庶人。"三题为:"方里而井,井九百亩,其中为公田,八家皆私百亩,同养公田。"诗题为:"赋得柳拂旌旗露未乾,得旗字五言八韵。"榜后因足疾骤发,行走不便,故未应殿试,仍回湖北。

诒年按:是科同榜中式者有李亦园希圣、叶焕彬德辉、汤蛰仙寿潜、屠敬山寄、吴炯斋士鉴、张菊生元济、赵芷孙启霖、熊秉三希龄、叶柏皋尔恺、张筱浦鹤龄、蒋性甫式惺诸君,后来皆有名于时上列诸人之姓氏以榜上所载为次。

光绪十九年癸巳　西历一千八百九十三年

先生年三十四岁,仍在湖北。

光绪二十年甲午　西历一千八百九十四年

四月,朝鲜东学党起事,派叶志超、聂士成率大军前往剿办,屯于牙山。同时日本也派兵往仁川入汉城。六月,日本截我军于丰岛,将我运兵船高升号击沉。七月降旨宣战。是月,我驻牙山之军为日本所败,退驻平壤,旋又为所败,退回鸭绿江。八月,日本败我军于大东沟,军舰被击沉者二艘,焚没者二艘。九月,日本又败我军于鸭绿江,进陷九连城、安东县,复由貔子窝登岸,迳逼旅顺。十月,陷凤凰城、金州、大连湾、岫岩州,攻陷旅顺口。十一月,陷海城县、析木城、复州。是月派张荫桓、邵友濂往日本议和,为日本所拒。十二月,陷盖平县，别一军突入山东荣成县，进逼威海卫。

先生年三十五岁，入京补应殿试，列三甲第六十一[①]名，旋即出京回湖北，自六月后，中日衅起，我军失律，先生与京外诸同志书札往还，探访军情，冀得实在消息。顾军前奏报，既讳败为胜，恣为欺罔，而上海报纸，复又迎合时趣，附会神怪，妄诞不经，无一可信，既足淆惑听闻，复且腾笑海外。先生私忧窃叹，以为关系至巨，后来有志于新闻事业，此亦其一原因也。

光绪二十一年乙未　西历一千八百九十五年

正月，日本陷威海卫，夺据刘公岛，我北洋海军余舰尽降于日本。派李鸿章为全权大臣往日本议和。二月，日本陷营口，进陷田庄台。又派兵舰陷台湾之澎湖岛。三月，李鸿章与日本伊藤博文在马关议定和约十一款，又附约三款。四月，派李经芳往台湾与日本商办割让台湾事。五月，台湾民人自立为民主国，公推唐景崧、刘永福为正、副总统。唐景崧、刘永福旋先后弃台内渡，台湾遂为日本所有。九月，日本因俄、法、德之干涉，允以奉天省南边地方交还中国，由中国以银三千万两为酬，订立条约七款。十月，准杨崇伊奏，封禁康有为设立之强学书局，其上海之强学会亦同时停办。

---

① "六十一"原空，据《明清进士题名碑录索引》补。

先生年三十六岁，仍在湖北。吾国自甲午一战败于日本后，洞明时事之流，已佥知非变法不足以图存，非将教育政治一切经国家治人民之大经大法，改弦易辙，不足以言变法。顾尚未有起而昌言者，先生乃有创设中国公会之议，期于联合同志，公同研究，草拟章程。先在湖北与诸同人商议，又特至上海与诸名流集议，兹特将公会章程，照录如次：

公会者，所以保吾华之圣教，使不至日渐渐灭也；所以保吾华之种族，使不至日渐沦胥也。盖抚念时事，追咎既往，自上下之分判，而形势始暌隔，自党会之禁严，而人心愈散涣。兹立此会，务欲使天下人之心，联为一心，天下人之气，联为一气，将拯衰弱，俾臻富强。呜呼！厉怜溺笑化碧之事已虚，而石烂海枯衔石之心不改，凡我同人，幸鉴斯意，勿相疑阻，则甚盼焉。

一、中国历代虽严禁朋党，然一是小人之阿党，一是匪类之党会。盖中国向以各行其是，各顾身家为主，是以小人有党而君子反无党，匪类有会而正业反无会。汉之党锢，宋之党人，虽均是君子，然初意本不相符，惟金壬欲为一网打尽之计，始并为一谈耳。惟明末之复社、几社，往往以布衣而议国是，稍与泰西之法相近，然彼尚以文字为名，犹未敢以兼利天下谋裨国是之心，明为标目。今当否剥已极之时，倘仍蹈故习，不特虚抱此救焚拯溺之心，且何以使衰弱之中国渐渐振起。兹故不避嫌疑，特立斯会，以齐天下之心，以作天下之气。

一、论语一书，于持躬涉世齐家治国之道，最为切实。曰敏事慎言，曰言忠信行笃敬，曰居处恭，执事敬，与人忠。言理财，则曰不患寡而患不均，不患贫而患不安。于治军曰以不教民战，是谓弃之；曰善人教民，七年亦可以即戎矣。称弟子曰果，曰达，曰艺；称弟子之才曰治赋，曰足民，曰与宾客言。盖圣门无无用之学，故无不可用世之人。自汉宋以后，浸失其本，始以阴阳五行之端乱之，继以佛老之说乱之，渐成迂怪虚谬之谈。今本会务须讲明孔圣之教本旨，一以实事求是为主，庶处可为有用之学，出亦为有用之才。

一、中国之贫弱，由于政法之不明，政法之不明，由于学术之不讲。本会应专讲求中国之所以贫弱，西国之所以富强，深思熟究，俾共明晓。

一、学问当分为三段：一政法，一艺学，一中国各省之利弊，而皆以端心术，守圣教为主。凡入会之人，须自认讲何种学问，如有新得之学，新得之理，或新考出之利弊，即函知总会，以便登报。

一、创办之始，措手綦难，兹拟先以讲求实用为主，立总会于上海，次及于燕、苏、川、粤、浙、鄂，又次及于各省。立会之后，即登报通知，务由本会之人，互相援引，以期愈推愈广。

一、凡入会者，须自将姓名年籍及何处，寄函书于纸，以交于总会。总会当以章程一分送之,其由他人转邀亦可,托其人转交总会以后,凡遇有会中之事,皆当一律知照,是为入会之制。

一、凡会中人,既有劝人之事,尤须平时互相规勉,互相考察,凡自得之新理,新考之利弊,并同人之志学奋怠若何,皆宜函告于总会,是为会中之事。

一、中国近十余年来,非无有志绩学之士,然苦于彼此不相闻问,不特无由观摩,无由增长,则己之学问,亦无人能知。且平素无相交之雅,一旦相遇,则妒忌忮害之心随在而发。本会务使海内有志之士,声气相通,庶无隔碍之弊,是为入会之利益。凡小人之阿党,以相互援引为利益,匪人党会,以小小资给为利益,今本会但讲求学问,而于资生之事,则全不相涉,凡事业去就,名宦隐显及讼狱等事,均不敢与闻。然入会以后,则学识可益滋长,渐成有用之才,名誉亦日流播,其为益大矣。

一、中国现在风气未开,如讲求之人,但知独善而不知兼善,于事何补。本会各友,务须遇有中人以上之质,即当力劝其舍无用,以就有用,转辗相引,庶几越聚越多,风气既开,人才自出,实为自强之基。

一、凡入会者,可随时将己之志趣、识学,函告总会,遇有疑难,亦可函询总会。总会应将所知者函答,不知者也当转询通人,随时函答。

一、中国习气,文武与士商均相隔绝,致成睽隔。本会力反斯弊,凡武侠商贾无不可入斯会。

一、会中人稍多,当即设立会报,附刊于译报之后,如款项稍充,则会报宜别行,专报会中事务。

一、本会中以平等为念,无论学之深浅,名位之崇卑,其相见皆行平等之礼。且总会中但有总理、分理名目,断无自处于贤智之事。

一、会中人皆以开风气为志,贵者效其权,富者效其财,贤者效其心力,凡自总理以下,皆情愿乐为,不取薪资。惟将来会务兴盛,须请专人办理,不能复兼他事,则始量给薪水。至办理会中之琐务此亦须俟会务殷盛后,方设此席,及会中专派往各处查勘游历之人,均须给予薪水。

一、会中应办之事甚多,俟稍集有款项,即当次第举行。首派游历之人。一、成才之人,派往西国,或在中国各处考求矿务;一、心思精细能耐劳苦之人,派往内地考察利弊。又次设借书处,又次设教会仿西人教堂之法,以兴儒教,又次开学堂此近日最要紧之事。以上各条,别有章程,不得付之空言。

一、入会之后,当以宜抒己意为主,凡己有所见,或规人所失,均宜直言,不得复存阿徇嫌忌避就之心。

一、会中人宜融同异之见,庶不自生彼此。盖在会者,虽同以振兴中国为主,而意见或有不同,性质亦复互异。须知天下之理,千条万绪,何必固执己见总以不出圣教规范为主,此须求相融相容之法,不可因此致成隔碍。

一、此会既设，凡天下之人，皆应共谅斯志。其有未达苦衷，致生疑阻，本会中人，但当谦和容忍，徐言而缓导之，毋傲睨，毋操切，致启局外人之论议。

一、凡会中之人，于权力所得为之事，无不勉力为之，总须海内同人共谅斯志，各量力捐助，以资办理。其款无论由总会劝捐，或由分会敦劝，均宜迳汇交总会掣取收条。每年终当将收款、用款、存款核实登报，其存款必存中西有名字号，并登报详之，以昭信实。此不特较之造庙宇助僧道有天壤之殊，即比之各种善举及修造桥梁等，亦迥不同。

一、本会创始，凡愿入会者，无不一概延纳，有规勉而无责成，有考校而无去留，故品业不复过问，即小节出入，亦必容忍。惟有与圣教宗旨大背者，方登报斥出。

一、本会筹款，何处最多，即何处设学堂，选有学问及谙教法人为经理，其银钱及训蒙师就地选择。

一、收到各款及用款，均交上海素为海内信服之办赈诸君经理，庶更妥善。

以上二十三条，会中条目大略具此。如有未备，请同志诸君随时增改。盖本会痛吾国之衰弱，欲思挽回，以求复振。敢告同人，无中怠，无内馁，无嚣张，无颓丧，无相嫉妒，无相隐蔽，庶几合亿万人之沉思苦虑，统千百年之坚心毅力，延坠绪于将绝，起痼疾于已衰，则本会幸甚，天下幸甚。

诒年按：当时章程虽经拟就，然公会仍未成立，顾此举实为后来设立时务报之前驱，故特将全文照录如右。

诒年又按：就今日观之，此章程颇有可议之处，然大辂椎轮，其势实不得不然。凡事最难于创始，非身处于其中者不能知也。

诒年又按：彼时钱塘夏穗卿曾佑、新化邹沅帆代钧二君，均有书致先生详论此事，兹亦为移录如次：

夏穗卿君来书：公会之事，闻以为可行者多，以为不必可行者亦多。鄙意天下事，只有可言不可言，无所谓可行不可行。其可言者，我行其迹，而不必告以所以然之故。其不可言者，我不言而行之，以徐收其效，诸君之疑可以释矣。

邹沅帆君来书：学会（即公会）有极难处，所讲之学，门径甚多，我辈数人，自问所有，似不足以答天下之问难。且泰西学会，无非专门，如与地会等类是也。今欲合诸西学为会，而先树一学会之的，甚不容易。若能先译西报，以立根基，渐广置书籍，劝人分门用功，互相切磋，以报馆为名，译报亦当分数类，而先以时政为主，其他专门之学，译之亦不易也。缘中国习西文者，大抵讲求公事而已，专门未尝及也，且专门一人仅能译一门，万无兼译之理，非资本充拓多招译者不可，而寓学会于其中较妥。沪上英才甚多，祈博采而熟商之。

诒年按：当时公会未能仓猝成立，乃议先设报馆，以为声应气求，集合同人之枢纽。邹君之言，约可为彼时主此议者之代表矣。

是年先生又以故乡尚无讲求实学之校舍，会闻某僧寺以事没入官，乃冒暑回杭，亲谒各绅，议改某寺为学堂，命名"崇实"，草拟章程，事为某某二绅所尼，不果行。然先生不为所阻，仍时时游说于官绅间。其后巡抚廖榖似中丞寿丰、杭府林迪臣太守启趣其议，二十三年丁酉，遂有求是书院之设，延聘英文、算术诸名流为教习，杭州有讲习实学之所，盖自此时始。当局之意，欲以管理之事相属，先生力辞不就，荐某君以自代，其功成不居如此。是院设立未久，二十七年更名求是大学堂，后又改为浙江高等学堂，数年之间，人材之出于此中者，颇不少。及民国成立，部令废除省立高等学校，此校遂裁去，校舍亦改为官署，人咸惜之。

附录廖中丞奏折（上略）[①]：臣迭与司道筹议，并饬杭州府知府会商绅董，就普慈寺后现有群屋，量加修治，专设一院，名曰求是书院。即委该府知府林启为总办，延一西人为正教习，教授各种西学；华教习二人副之，一授西文，一授算学。委监院一人，管理院中一切事宜，一面购置仪器图籍。

---

① 原文中括号内之"上略"、"中略"、"下略"等字样，均为原文，以下不另注出。

由地方绅士保送年二十以内之举贡生，监饬据该总办考取复试，接见询问，择其行谊笃实，文理优长，并平日究心时务，而无嗜好习气者，于本年四月二十日送院肄业，但予奖赏，不给膏火，学以五年为限。并明定规约，妥立课程，每日肄业之暇，令泛览经史、国朝掌故及中外报纸，务期明体达用，以孔、孟、程、朱为宗旨，将有得之处，撰为日记，按旬汇送查考。每月教习，以朔日课西学，总办以望日课西学_{疑应}作中学，年终由臣通校各艺，分别等第，勤者奖，惰者罚，不率教者斥，优异者存记。另选翻译之人，译述各种有用之书，为振兴学校之助。（中略。）臣当随时督察，冀收实效。将来该书院学生学业成就，如有才能超异者，由臣咨送总理衙门考试，以备器使。（下略。）

附录廖中丞来书：杭州建设学堂一事，屡于佩葱_{谓吴品珩}、冕侪_{谓陆懋勋}书中得闻竑论，诸荷助予，感佩感佩。延师筹款，现幸差有端倪，浙为才薮，时局需贤，百年树人，固为先务。若译印西学各图籍，可使有志之士，省却言语文字一层工夫，获益较宏。观成差速，此邦人士持此议者颇多，拟于其中附设翻书处一所，俟译述有成，次第刊布，卓见当以为然也。

又书：尊论小学堂各节，具审一一。东瀛学制，原本西洋，伦理、汉文独仍旧贯，历史舆地，本国为先，得要从宜，可谓善变。综其大指，不外由浅而深，由近而远二语，与古人循序前进之旨吻合。今拟广设小学，为振起人才始基，首当遵奉。此次明发以四书五经为范围。日本地属同州，其课程课书大可以备参考，所示代译一层，自较核实，容即饬筹议，乞将译书章程，先寄一观。

求是书院设立之次年，浙省当道又拟振兴蚕业，乃就西湖花港观鱼设立蚕学馆，凡购书器、延教习、派生至日本习蚕学之事，先生均力助其威。其后先生又商诸浙省当道，筹拨的款，就大方伯设藏书馆，举杨君见心主其事。

附录林太守来书：蚕学之设，由于康发达一书。农学会诸君，既为觅书，又为代觅江姓，此间始有创局之议。既信康氏之书，即不能不用江姓，且康书极称江姓，尚只如此，其他可知。故续有东洋派人之议。若以江姓而言，分方验种，尚为合用，此局以验种为最要，故明年决归江姓主之。究竟办事之难，用人之难，弟知之二十年矣。不可知其难而不慎，又不能因其难而不办。蚕屋之建，虽江姓有言，实因官屋甚少。书院则主者为难，禅寺则和尚难驱，故起造比修造虽多数千，不能不用，其中经弟与幕友商量核实，节省已近数千。（下略。）

又书：派生往东洋学蚕，前孙实翁淦云，三人一起，只费千元。弟仍托其到时再查。兹尊函云，每名须五百，弟本拟只派两人，半则经费为难，半则外间之论蚕学，均云法胜于日本。今农会第十四册东洋论蚕，亦自言不如意、法、支那，此虽精益求精之意，要其不如法国则西人公言之，故只拟添派一人与嵇生同学。弟同乡亲友及浙垣门生,求去者多,均不敢假借,暗中觅得德清沈秀才锡爵,养蚕甚熟,人似明静,但相知未久,正在斟酌间,得尊函举有一人。汤蛰翁谓汤寿潜,字蛰仙,亦拟为代觅一人,蛰翁贤名,弟早闻诸何太守与足下,皆深顾大局者,实为信佩。但鄙意只添派一人,烦足下与蛰翁商酌,谁为可派之人,即行派往东洋。冶游之地,须择聪明而笃静者方好。已否学蚕,尚为不拘。二君均为蚕学觅人,非为人觅入蚕学也。添派一人,择定后,尽可前发,不必函商迟滞。

附录高啸桐先生来书:吾乡迪臣太守在此极以蚕学为念,此间议论以为外国新法不如中国老法,华丝柔而能韧,决非洋丝所及。浙中守旧之病,已成痼疾;编户饲蚕,种种忌讳,即创学堂,万万难以转移。太守以考究蚕瘟、蚕子,东西洋显有成效,此事不可以已。续得二十三册,贵报有日员来华讲求育蚕制丝云云,众口以此益哗,未知日本系广咨博采以济其新法否,或报内节译其辞辞不尽意否,此中有无别义,究竟中日蚕业优劣如何,乞详察详举以告闻。张季迪修撰创有蚕务学堂,已由农学会抄取章程到沪。穰公兼综会事,可否转抄一份以来,想先生素以中国为己任,必不怒其琐琐也。太守遇事必求精实,于新法尤不肯孟浪,此亦不为无见。各省之号为洋务,皆以兴会一时,一遇洋人或出洋学生之佞于口者,不问其人之好歹,学之虚实,一为所动,即属以大事,其究则败坏无成,反为新法之累。今之浙中学堂,又其一事耳。

是年先生以将在上海设立报馆,诒年与三弟洛年方就馆于上海、武昌。为朝夕定省计,仍以金洞桥屋转让与他人,即取回典价,在上海静安寺路味莼园前面购地一区,筑屋三间,奉关宜人居住。

光绪二十二年丙申　西历一千八百九十六年

二月,御史杨崇伊奏劾文廷式不孚众望,请予罢斥。奉旨:即行革职,永不叙用,并驱逐回籍。

诒年按:当时政局实分帝后两党。文芸阁学士廷式,为帝党之领袖,致被杨御史崇伊诬劾,立受严谴,实为二十四年四月放逐翁尚书同龢及是年八月政变先兆,非寻常处分可比。

诒年又按:二十年中东战役,李相国鸿章实不得辞其咎。彼时主持清议者,多集矢于李相,而李相亦遂嫉视诸人,日嗾其党寻衅报复,此亦为文学士被逐之原因。

九月,与俄人订立新约十二款,以为索还辽东之报酬。约内许俄人将西伯利亚铁道分两路接造至吉林、黑龙江两省城,又许俄人在吉、黑两省长白山等处开采五金矿。又许俄人有军务时得租胶州湾及屯驻旅顺口、大连湾等处。

先生年三十七岁。七月设时务报于上海,先生既已决计设立报馆，则以为非广译东西文各报，无以通彼己之邮；非指陈利病，辨别同异，无以酌新旧之中。又见时机急迫，非急起直追不可。时方为两湖书院分教，乃亟向张尚书告辞，欲自至商埠集资设报社。尚书力尼其行，先生坚不从，比至上海，与嘉应黄公度观察遵宪相遇，谈及创办报社事，意见相同。时达县吴筱村大令德潚，自京谒选南下，将至浙赴任，道经上海，吴大令固先生至交也。高安邹殿书部郎凌瀚，亦自江西至上海。诸人商榷多次，而时务报馆遂成立。时新会梁卓如君启超方在京师，先生乃招之至馆，以撰述属之，而以筹款事自任，己亦时有所撰述，率以变法图存为宗旨。盖至是而吾国始有论政之杂志，通国士流①，渐知改革政体之不可缓，争言变法矣。

　　附录梁卓如君自北京来第一书：兄在沪能创办报馆甚善，此吾兄数年之志，而中国一线之路，特天之所废，恐未必能有成也。若能成之，弟当惟命所遵。（下略。）二月二十日。

　　又第二书：此事甚善，中国命脉所系也。弟初十间当到沪商略一切，望君必待我。

　　又第三书：前承书告以译报事将成，命即来沪，当即覆

---

① 指1894年中日甲午之战。

书，期以月之十日相见，谅早收矣。顷因此间颇有新政一二同志，又有所整顿，苦被相留，是以迟迟。顷拟在都设一新闻馆，略有端绪，度其情形可有成也。弟思沪中有君主持，且同志不鲜，今拟独留此间，少俟此事之成否，若能开办，与沪局声气联贯，尤有补益也。此间亦欲开学会，颇有应者，然其数甚微，度欲开会，非由报馆不可。报馆之议论，已浸渍于人心，则风气之成不远矣。君以为如何？（下略。）

　　时务报初开时，先生为总理，梁卓如君为主笔<small>应称总撰述员，此沿俗称</small>。其后梁君因事繁不能按期撰文，乃延顺德麦孺博君<small>孟华</small>为辅佐。其后则三水徐君勉君<small>勤</small>继之，归善欧云樵君<small>榘甲</small>又继之。先时亦尝延余杭章太炎君<small>炳麟</small>，后以与梁君意见不合，遂自行告退。英文报译员先为桐乡张少堂君<small>坤德</small>，后张君改就担文律师之聘，不能兼顾，乃改延吴县李一琴君<small>维格</small>专任英文报译事。未几李君应湖南时务学堂之聘，与梁君同时去馆，先生意甚惜之。曾与人书云，湘中绅士连电延请卓如、一琴为时务学堂中西教习，卓如初已力辞，而湘人坚延不已，康长素适自鄂来，又力劝之，而允兼撰报中文字。至一琴精于英文，尤为报馆所倚赖，而湘中指名延请，旬日之间函电十数次，业于日前订定。此二事本非康年所愿，惟窃意中国各省，惟湘省地处腹里，士气振奋，苟及早修饬，或可自固，私心冀望，实在于兹，因辄曲意从之云云。先生委曲迁就之意，盖可见矣。李君既辞职，乃延湘乡曾敬贻君广铨继其任云。此外则尝延宛平郭秋坪君家骥任法文报译事，大兴刘荔生君崇惠、上海李兰舟君家鏊任俄文报译事，三君皆为馆外译员，不能常有译稿，最后乃延上海潘士裘君彦专译法文报焉。东文报译事，则自始即延日本古城坦堂君贞吉专任。盖馆中诸人，始终其事者，特古城君一人而已。

诒年按：此上所记，皆非本年一年内之事，盖终言之。

时务报创始于是年七月初一日，月出三册，年出三十三册，终止于二十四年六月二十一日，先后两年间，先生所著论凡十有三篇，对于朝野上下，苦口危言，日以救亡图存之策相劝告。故其思致多噍以杀其辞，语多不加藻饰，实皆极有关系之文字，亦即先生发表政见之文字也。使当时政府及社会能稍稍采用其言，则吾国大势或未至如今日之不可救药来可知也。兹特将其篇目，附列于下，亦睹指知归之意云尔。

中国自强策上、中国自强策中、中国自强策下、论中国参用民权之利益、论今日中国当以知惧知耻为本、为人为己不分为二事说、以爱力转国运说、论中国求富强宜筹易行之法、商战论、论华民宜速筹自相保护之法、论胶州被占事、论将来必至之势、论宜令全国讲求武事。

诒年按：中国参用民权之利益一篇，刊于时务报第九册，为先生特别发表意见之作，报之言民权，益自此册始。先生之提倡民权，亦自此时始矣。兹将全文照录如左：

中国之言治者曰，以君治民而已，至泰西而有民主之国，又有君民共主之国，中国立儒者，莫不骇且怪之。虽然何足怪哉，古之言治者，莫不下及于民，是以《尚书·洪范》曰：谋及庶人。《吕刑》曰：皇帝请问下民。《周礼·小司寇》：掌外朝之政，以致万民而询焉。《朝士》：左九棘，孤卿大夫位焉，群吏【士】在其后；右九棘，公侯伯子男位焉……州长众庶在其后。孟子曰：国人皆曰贤，然后用之；国人皆曰不可，然后去之；国人皆曰可杀，然后杀之。其他见于经典者不可偻指数，是古之为国，未尝不欲与民共治也。顾或患权之下移，不知君民共主之国，凡国有大事，下诸议院，议院议之，断之君而行之。官、君有不同，可使复议，议不能定，可更置议员，是大权仍操之君。或曰用民权则桀黠得志，豪强横行，乱且未已。不知民但能举俊秀以入议院，而不能肆行己志；议员但能议其事，而不能必其行，何肆横之有？或曰权在上则聚，在下则散，散不可以为国。不知议员人虽多，必精其选，议虽杂必择其多。选精则少谬误之论，择多则愿行者众。是三者皆非足置虑者也。且夫居今日而参用民权，有三大善焉。盖从前泰西君权过重，故民权伸而君权稍替，中国君权渐失，必民权复而君权始能行。何则？中国虽法制禁令号出于君，顾前代为君者，深恐后世子孙不知事体，或有恣肆暴横之事，故再三申之凡事必以先代为法，毋得专擅改易，故举措一断之例，大臣皆奉行文书。百官有司，咸依故事为断，而熟谙则例之

54

吏，乃得阴持其短长。故国之大柄，上不在君，中不在官，下不在民，而独操之吏。吏志在得财传子孙，初无大志，故觊利营私，丛弊如毛，良法美意，泯焉渐灭。且不特此也，君独立于百官兆民之上，则聪察不能下逮，而力亦有所不及，是以会计隐没上勿知也，刑狱过差上勿察也，工作窳敝上勿闻也。屡戒徇私，而下之用情如故，屡饬洁己而下之贪贿如故，屡饬守法而下之作弊如故。诏书严切，官吏貌若悚惶，而卒之无纤毫之悛改，犹得谓之君有权乎？惟参用民权，则千耳万目，无可蒙敝，千夫所指，无可趋避，令行禁止，惟上之从。虽曰参用民权，而君权之行莫此若矣。且夫民无权，则不知国为民所共有，而与上相睽。民有权则民知以国为事，而与上相亲。盖人所以相亲者，事相谋，情相接，志相通也。若夫，君隆然若天，人民茸然如草芥，民以为天下四海皆君之物，我辈但为君之奴仆而已，平日政事举措，漠不相闻，一旦变故起，相率委而去之，但知咎君不能保护己，而不知纤毫尽心力于君。惟与民共治之国，民之与君声气相接，亲爱之心油然自生。故西国之民，见君则免冠为礼，每饮酒必为君祝福。国有大事，则群起而谋其故。盖必使民共乐，民然后乐其乐，与民共忧，民然后忧其忧，必然之理也。

若夫处今日之国势，则民权之行，尤有宜亟者。盖以君权与外人相敌，力单则为所挟，以民权与外人相持，力厚易于措辞。西人与我国互市，动辄挟我国君之权力，以制我之民。

中国欲拒之,则我之权不足,欲以民为辞,则中国久无民权之说,无可措语。是以增订条约,不谋之民而辄许之;索租界索赔款,亦不谋之民而辄与之;其他一切有损于国有损于民之事,皆惟西人所欲应之,如乡有司,奉令承教为之,惟恐不速。于是民仇视西人之余,转而仇视有司。夫天下之权势出于一则弱,出于亿兆人则强,此理之断断然者。且夫群各行省之人,而使谋事,则气聚,否则散。使士商氓庶皆得虑国之危难,则民智,否则愚。然则反散为聚,反愚为智,非用民权不可,夫岂有妨害哉。吾见古制复,则主权尊,国势固也。(见光绪二十二年九月二十一日《时务报》。)

右文发表后,阅者咸相顾眙愕,谓不意谨厚如汪某,乃能作此大胆文字也。梁星海君与先生为至好,视先生如弟,也作书责先生,顾不欲拂先生之意,乃特以诙谐出之。钱塘江夏穗卿君曾佑不以言民权为非,是而以为此时提倡民权尚属太早。其后曾致书先生有云:民权之说,众以为民权立而后民智开,我则以为民智开而后民权立耳。中国而言,民权大约三百年内所绝不必提及之事云云。然先生亦未尝不见及此,特意在救时以为欲振兴国是,实非提倡民权不可,所谓言岂一端,夫各有当者矣。

当《时务报》初出时,先生主持其事,极为艰困。盖彼时吾国新败于日本,吾国之贫弱,已无可讳言。顾以习于自尊之故，一言及各国之若何富，若何强，口虽不能争，心实不谓然。若进而言各国何以能富，何以能强，则尤为人所不愿闻。若再进而言吾国宜痛革旧习，师法邻邦，以期驯致于富强，则更掩耳疾避，惟恐不及矣。故报纸初出，谤言日至，诃斥百端，殆难忍受。同人书札往还，咸以戒慎恐惧相劝，抑亦鉴于警世骇俗之论，不可以持久，惧其将一蹶而不可复振也。诸人之意，殷拳可感，而先生处境之危险，亦可见其百一矣。兹将当时诸名流来书摘录数则于后，以志梗概（诸人来书以姓之笔画为次）：

达县吴铁樵先生书：南皮谓张孝达尚书，后同阅第五册报有讥南京自强军语，及称满洲为彼族，颇不怿。此层却是卓如大意处，樵知必力阻之。吾辈议论，当思非其时非其人不可发也。此时此人，当受之以渐，声闻不可以菩萨行告之，况佛法耶。以后此种吹求，恐天下发之者尚多，我辈羽翼未丰，断不宜犯此大阵。倘樵在申，必力阻之。卓论诚快刀砍阵，而此间讥之者亦不少。

诒年按：梁君所著变法通议三之一总论篇，有"金陵自强军所聘西人，半属彼中兵役，而攘我员弁之厚薪"等语，以是颇忤张尚书之意。

钱塘汪伯唐先生书：此事（按：此指报言）譬如慈母之保赤子，当今其亲爱，不可使有疑畏；当生吸力，不可生阻力。否则成之甚难，败之甚易。稍稍站不住，则后之人，更无所措手矣。二十二年六月初九日。

又书：奉劝诸公不必作无谓之讥评，于一切犯忌之事，尤望检点，勿以牛毛细故，致令依违不定之新政，自我而扫除净尽也。二十二年八月初四日。

又书：前屡函请诸君格外留心慎言，实以当时条奏，大率议准，颇有欲动之机。诚恐言之不慎，一滋物议，则各事停摆，无成事之功，转得败事之咎。故特为诸君尽力言之。二十二年九月初十日。

长乐高梦旦先生书：贵报民权一篇，及翻译美总统出身、欧洲党人提倡民主各事，用意甚为深远。惟风气初开，民智未出，且中国以愚黔首为常，一旦骤闻此事，或生忌惮之心，而守旧之徒，更得所藉口，以惑上听。大之将强遏民权，束缚驰骤，而不敢稍纵；小之亦足为报馆之累。鄙意此等事可以暂缓论议，出之以惭，庶不至倾骇天下之耳目也。

又书：中国之患在于事权无属，故百事废弛，非伸民权即君权亦无所寄。惟此等议论，措辞不可过激。即如足下所论，中国参用民权之利益，麦君所论中国宜尊君权抑民权等篇，出之以委婉，便足动听。辟韩一篇，鄙意大不以为然。所论君臣一节，尤不宜说破。变法之事，久为人所不喜，内有顾瑗、杨崇伊，外有李秉衡、谭钟麟①，皆以排斥异学为己任。君臣可废之语，既为人上所不乐闻，则守旧之徒，将持此以谮于上。不独报馆大受其害，即一切自新之机，且由此而窒。贵报风行至广，关系至大，举措不可不慎也。

又书：《辟韩篇》凤谦非以其言之不轨于正也，所以云云者，以中国民智未开，既不足与陈高深之义，君权太重，更不能容无忌讳之言。无益于事，徒为报馆之累，且并变法之可言者，亦将不得言矣。

诒年按：《辟韩篇》系侯官严几道先生所撰。

番禺梁星海先生书：弟处华夷纷杂之区，耳目已淆，品类尤夥。望坚守初心，常存君国之念，勿惑于邪说，勿误于迷途。此时神气清明，幸时时以此自警，岂独吾党之幸哉！

长沙张伯纯先生书：报中论政一书，更求斟酌。中国向不讲道理，诸公衮衮，吠声吠影，是其长技，危行言孙，尚望三思，否则恐蹈强学会之覆辙也。

仁和叶浩吾先生书：此间因第四期报，《中国自强策》三篇，颇有訾论。弟之劝兄多译实事，少抒伟论，亦略有先见，然此中亦大有分别。大约南皮是鉴于强学前车，恐若斯美

---

① 李秉衡时任山东巡抚，谭钟麟时任两广总督，皆反对变法维新。

举,再遭中折,而旁观附和增甚之言,与无识浮议之腾,遂成市虎。在吾兄救时心切,历数病情,其意甚仁。然近日时彦之见,尚只见及有病当延名医选良药,而未切见其病系何巨症险候也。乃公竟向其家人妇子,明言其若何决死,若何难痊,则群詟为不祥矣。故弟欲兄之多译报章,是犹医家方论不妨直告,而家人则尚不欲明言也。南皮劝阻之意,其情极厚,似亦不可过却。在弟为此议,一望兄少为委蛇,无令大局中裂。又望兄多采方论,则病家或一旦发"死马当活马医"之想,事转有济,亦不可知。总之,与其决裂于旦夕,不如求全于未然之为得计,而吾党存心则仍百折不挠,共济大局。他人不足惧,而过拂他人,则又有可虑。行事固欲坚,又欲能忍,坚而不忍,则折断无存矣。

无锡裘葆良先生书:颇闻长安士大夫不以《时务报》为然,蚍蜉之撼,正自无恐。但昨阅第四十册,麦君论及梁君放流云云,非常之言,似难与俗人道也。倘复有虞山之徒,蹈间抵隙,文致锻炼,将如之何?方今庙堂之上,支支节节仿行西法,有识之士,预决其不效。惟报馆大声疾呼,能收无形之益。万一再蹈京师强学之辙,则黄种一线之生机绝矣。鄙人私甚忧之。

诒年按:所谓第四十册麦君论,盖指麦孺博君所著论中国会匪宜设法安置篇也。梁君放流云云,则指梁卓如君所著知耻学会叙内,有使易其地居殷周之世,则放巢流龚之事,兴不旋踵等语也。

新化邹沅帆先生书:此事愿公兢兢业业为之,不愿公轰轰烈烈为之,轰轰烈烈必有阻之者,甚或招祸,某某是也。身且不保,又何有于开风气?兢兢业业,由小而大,由约而博,必可收暗然日彰之效。怀精卫之心则可,奋螳螂之臂则不可也。公近来进学甚猛,十二、十三两册之论甚佳,可不虞炸弹矣。此后议论,一切忌讳须加审慎,非不欲尽言也,虑炸弹之伤我报馆也。

诒年按:所谓十二、十三两册之论,盖谓先生所作以《爱力转国运说》及《论中国求富强宜筹易行之法》也。

善化瞿子玖①侍郎书(时为江苏学政):大馆之设,意在觉世,孤怀闳识,极用佩仰,破一孔之陋习,开横览之远模,将使鄙儒皆知世务,收效良非浅。近惟有时议论恢张,不能无矫枉过正之弊,如所列知耻学会前序,直斥至尊,心何以安,授人口实,大率在此。尚愿少加谨慎,留意选收,即保令名,亦全盛举。

诒年按:梁卓如君所撰知耻学会前序内有:"越惟无耻,

---

① 瞿鸿禨,字子玖,官至军机大臣。

故安于城下之辱。"（中略。）①"托虎穴以自庇，求为小朝廷以乞旦夕之命"等。故瞿侍郎指谓直斥至尊也。

附录鄂督张尚书牌示：示谕两湖江汉、经心书院诸生知。上海《时务报》，前经本督部堂饬发院生阅看，以广见闻，但其中议论不尽出于一人手笔，纯驳未能一致，是在阅者择善而从。近日惟屠梅君侍御驳《辟韩》书一篇最好，正大谨严，与本督部堂意见相合，诸生务须细看，奉为准绳。切切特谕。

诒年按：是时更有一事足述者，《时务报》第八册梁卓如君所著论变法通议三之二，《论科举》有云："昔同治初叶，恭亲王等曾请选编检、庶常并五品以下由进士出身之京外各官，及举人五贡等入同文馆学习西艺，给以廪俸，予以升途。（中略。）"乃彼时倭文端②方以理学名臣主持清议，一时不及平心详究，遂以用夷变夏之说，抗疏力争，遽尼成议。（中略。）文端之言，其误人家国讵有涯耶！"又第十册梁君所著论变法通议三之十三，《论学会》有云："学会之亡，起于何也。曰国朝汉学家之罪而纪昀为之魁也。（中略。）纪昀之言曰：汉亡于党锢，宋亡于伪学，明亡于东林。呜呼！此何言耶？（中略。）吾不知小人无忌惮之纪昀，果

---

① 原文如此。
② 倭仁字艮峰，蒙正红旗人，同治时官至文华殿大学士，卒谥文端。时与曾国藩等讲求宋儒之学，为清末顽固派代表之一。

何恶于李膺、范滂诸贤,而甘心为十常侍、蔡京、韩侂胄、魏忠贤、阮大铖之奴隶也。"此二文发表后,颇膺众怒。盖倭文端固彼时清流所推崇,纪文达则自乾嘉以后久为汉学之领袖,而纪之后人香骢先生巨维,又适在张尚书幕中也。梁星海君及吴铁樵君曾举以告先生,梁君并咎先生之不加检点云。

光绪二十三年丁酉　西历一千八百九十七年

十月,德国因曹州天主堂之教士二人被杀,派军舰三艘突入胶州湾,夺据炮台。

先生年三十八岁。四月与同人设立务农会,发行农会报。六月,与同志诸人创办戒缠足会,暂设于时务报馆内。十一月,与同人设立蒙学公会,发行蒙会学报。

诒年按:以上三会,事实均详著于卷六事业汇录内。

是冬,德国有藉口教案夺占胶湾之举,先生闻警,知此事关系至巨,近之则为前年代索辽东之果,远之又为将来瓜分中国之因。故秘密探访,不遗余力,详记其始末于笔记中,兹为移录如次,亦吾国交涉史中至可羞忿之一巨案也。

东省教案,系十月初六日巨野盗杀两教士,十三日德使海靖由汉口电告总署,次日许侍郎①又由柏灵电询,时东抚犹未报也。十五日乃来一电,谓此案已勒限严拿,悬赏通缉,朝

① 许景澄时任驻俄德兼奥、荷出使大臣。

廷责其轻忽,旋派毓贤、锡良二人驰往查办。

二十夜,北洋忽来一电,谓德兵已在胶湾登岸,逼我驻防章高元于四十八点钟内退出,过期即当敌军办理。有人谓,是夜合肥即往俄使署晤商,其故可想见矣。东抚电亦至,并请调兵募勇。朝议允之次日即止之,但谓不可轻开衅端。

于是警电迭至,人心惶惶,电令许侍郎促外部退兵,催海靖返京婉商。又电令北洋俟海过津时,邀与理论。讵海归而不欲与北洋见也。坚辞之时,章已退至沧口,德则驻兵青岛。相距有数十里云。

海至京二日,即来总署。未来之先,许已电复,谓德主已给全权与海,一切当由海为之,在德无可议论。

海旋送一照会来,索办六款:一、东抚革职,永不叙用;二、偿济宁教堂银闻系旧案,并赏匾额;三、惩凶给恤;四、应许嗣后永无此等情事;五、山东如有制造铁路矿务,先准德国承办;六、德国办理此案,由中国偿费。

正在将照会传观,而海使已到,众皆谓我国并无失和之意,已饬疆吏约束兵勇,因责其退兵。海谓此时正是机会,又谓事由外部主持,然许电固云外部无权也。

于是又电许速商外部,并电各驻使告各国无信新报浮言。法乃曰:宜速了结,免生枝节。日本亦曰德久据胶,大局攸关,众皆不利,其他无所言。然俄则兵舰十六艘已赴胶州矣。

海一去不复来，而德兵又逼，章远退，威之不移乃辱之，辱之不动乃困之。询诸海未复也。

许电至，云外务部传德相言，中国朝廷之所允行，外省大吏多不奉命，此次须驻兵防护，以观后效。北洋又电告，章已被德牵至青岛，留之不返。

时德兵已入胶城旋退去，遍张告示，谓海口税务彼当经理。又言将往高密，又向高牧索大车二千辆。东抚电民心惶惧，众兵忿激，恐变生意外。

于是又询诸海，海复文至，千有余言，大意谓李秉衡与洋人不睦，各国共知，此事由来，盖非朝夕，因历举教堂之被劫，教士之受侮，与夫州县之漠视，官绅之污蔑，而总之曰，事非偶然，实由唆使，东省大局损坏，中国无力整顿，故不能不自行办理云云。十月初十日至十一月初二日之情形如此。

附录德国统兵大员告示：管辖东方海面德国兵船水师提督棣为出示晓谕事：照得本大臣钦遵本国大皇帝谕旨，领兵上岸，将胶州湾一地并海岸左近群岛等处全行驻守，钦遵照办，所应驻守界址，开列于左：

计开：西边直线自海岸起，至东山止，离胶州湾水涨时水面十八里之处，从此往北，至大坡屯儿税卡纬线后，至胶河、大德二河汇流之处往东，至海岸及劳山湾中央之处。

东边一线，自北边至劳山湾中央往南，至加帝庙岛岸以及炸连岛等处。

南边一线,自炸连岛至笛罗山岛之南首,从北至海岸西边二处相连之处。

以上等处,该归德国驻守。兹因山东省有德国教士被杀之事,应向中国昭雪。案本国所欲昭雪,当收该地为质,合行出示晓谕。为此示仰青岛口等处地方各色商民人等知悉,尔等仍照常安分营生,不得轻听匪徒煽惑谣言。

查德国与中国睦谊素敦,前日中失和之时,德国曾极力增援,以示邻好之心,现兵上岸,并非与中国为仇,尔不必猜疑,且德国官民自应保护善良,俾得承平无事。所有滋事匪徒,必照中国律例从严惩办,倘有凶徒敢将该处德人谋害者,即归德国军法严切审办。是以本大臣再三劝勉尔等,须知凡事归德保护,不得抗拒,倘不自量力,故意抗违,不但无益,从兹招祸。但德国驻守之处,凡中国一切官员,仍以循分供职,认真办理;向后如有禀报等事及不便自定之案,该员等应呈德国巡抚住军门衙门总兵官察核办理。至买地卖地等事,非德国巡抚允准不行,凡此务宜凛遵。切切特示。

大德国一千八百九十七年十一月十四日大清国光绪二十三年十月二十一日

二十六日德兵五六百由塔埠口上岸,直抵胶州署索地,并贴示胶湾各口关税应归彼征收。二十七日仍回青岛。

又德使索款六条：一、须革东抚永不叙用；二、准安教主在济宁设教，赐与匾额；三、严办教匪，并赏恤银；四、自后中国不许有此等事；五、东省如开铁路矿，务尽德人承办；六、此案办结，所费由中国赔偿云。译署已电许使切实辩论。章镇围困在岛，拟托俄提督转请释放，并恳俄出为调停。十月二十九日报告。

初四月，德又贴示，限我军一点钟内退出女姑口七十五里。又有德兵数百人至即墨，不知何事。

昨夔帅（按：谓北洋大臣王文韶）请旨作何办理。奉旨著章营退扎烟台，归东抚调遣。

又闻德向禅臣洋行汇银三十万至胶为买地用。

合肥电许使告克虏伯出为调停。十一月初八日报告。

俄许德占胶州，德许俄权韩事。十一月初九日报告。

巴兰德密告许使，已代商外部，请速照允六款，否则恐酿大祸。同上。

至二十四年中德胶澳租约既订立，先生乃论列此事之始末，痛斥大臣之误国。其全文如次：

丁酉之冬，我山东胶州之盗戕杀德国二教士于途，中朝诸大臣方聚谋所以弭变之策，俄而德水师提督遽以兵船闯入胶州湾，胁夺胶州而据之。我与德使臣往返商办，卒许德租胶州九十九年为期，赔恤教士二十万。盖因盗杀教士而割地,又未尝一战而即割地,皆始于此。辱未有如此甚者,痛亦未有如此甚者。前衅未已,后患方滋。然而我国士大夫咸曰自乙未与日本订约以来,我国势愈为外人所窥,而地方官又不善先事预防,匪盗内起,强敌外乘,其运数使然欤。汪子曰:呜呼!是我治外交之大臣相与拱手而奉之也,又糜日积月迁延酝酿以成之也。何以言之?德之甘于首祸也,其果因教士之役而始然欤?抑其先已有见端欤?夫德与俄、法为我争辽东于日本也,俄、法咸得大利于我,而德无闻焉。然则德之不能释然于我,抑可知矣。吾闻德使臣尝以是请于我译署王、大臣,王、大臣不能对,但权词谢遣之。已而德又请福建之三沙于我。当是时王、大臣苟知失计于俄、法,则必思所以处德。夫德之不可以术羁而说绐也,岂待智者而始知哉。而我王、大臣咸蓄缩不即为计,如是者累数月,使德积怒蓄怨于我,致酿成胶州之巨祸。此不能不为治外交之大臣咎一也。山东巡抚李公,清正有余,才识不足,平时措论以不谈洋务为要术,以得罪外人为至计。迨祸机猝发,李公无术抵御,但云如有兵祸,请自任之而已。前西人久为我虑之见《万国公报》,而当事不察,方倚为柱石,使久处海疆。此不能不为治外交之大臣咎二也。我之兵力微不足御德国也,抑思德之兵船可过印度洋者仅三数艘,德之兵船来至我国,须两阅月。夫德人乘此小隙,遽发大难,其欺藐中国,实已至极。我如毅然绝彼使臣,宣其无礼之状于各国,且告以必不得已之故,以示将举国致死于彼，则与我同福祸之国，必将起而助我。或谓我积弱如是，何足给西人，不知惟新创之后，正宜竭力自张，以示不测。且民惟无用，用则上下张奋，九败犹冀一胜。不用则气日馁，心日弛，必日割以至于亡。是则必战之故，一言可决，即不能然，不如听其自占，而不逮与订约也。盖战而割，犹胜于不战而与，不订约犹胜于订约而与，而王、大臣漫不加省，事事听从，如响应声，但顾偷目前之安，不虑贻日后之戚。此不能不为治外交之大臣咎三也。今德事未已，英、俄诸国继起迭至，大祸之来，未有穷极。我王、大臣弭患无术，善后无方。而当事者身当大咎，惟自叹遭逢之不幸，苦规避之无策，其所以报国恩谢天下者，惟涕泪数行而已，岂不哀哉。

其尤可骇怪者又有四端焉。夫询谋佥同，古有明训。今纵不能开议院，集众长，然外讯疆吏，内咨贤达，旁及使臣，亦岂不可。乃当事者守讳莫如深之谬说，凡外人需索之端及交涉中变幻情形，咸秘不使人知。维时我新简使德大臣吕公①停骖沪上，迴翔未去。然则和战之机宜，岂不当使彼参与乎！而所有消息，绝不相告，惟日催其进发而已。甚至疆吏数千言之电奏，亦置不复。方谓耆臣硕辅，必有深谋妙算，足以雪国耻而解敌氛者，已而租地赔款，仍寻曩辙，斯可骇怪一矣。当兹主忧臣辱之时，宜有卧薪尝胆之象，虽在与国，犹羞唇亡

---

① 　吕海寰，1897年6月被任命为驻德、荷出使大臣。

齿寒之忧。即兹黎庶，亦怀栋拆榱崩之惧，以草野窃窥，必有日不再食忧形于色者。乃闻中朝显达，唯诺如恒，刍豢不撤，忧患积中，而趋跄无改，外侮迭至，而钟鼓犹悬。不知者惊其度量之过人，其知者识其家国之无意。其可骇怪二矣。夫天下纵有不治之症，为人臣子者断无坐视之理。前车既覆，则更端可也。自忖不能，则避贤可也。乃当事诸臣，惟思诿过于从前，不思弥缝于事后，上者以互相诿卸为工，下者以仰窥意色为事。推原其意，盖谓独建一策，而身执其咎，不如与众上下而共分其谤，非以自祈速死为智，即以获援大国为忠。其可骇怪三矣。以德之要求知彼，以我之允从如此，主其事者即幸逃大责，亦宜引为深耻。乃风闻中朝诸臣，互相容恕，方且谓论辩之尚工，欣调停之有术，盖不能转祸为福，而尚欲讳过为功，是非心术之尽丧，即疑狂惑之失度。其可骇怪四矣。由是观之，今日之患，不在外侮，而在内治，不在草野，而在政府。内之则持禄养交传为秘诀，外之则从臾迎合习为固然，聚数千百庸琐之徒，而一二人为之魁，特使吾四万万之生灵，数十万方里之幅员，日渐月灭，以至于尽，我民闻之，能不深痛乎！

　　或曰胶事既定，辱国丧地，贻后来之口实，启无穷之窥伺。且风闻德人，以我国未尽允从，尚有挑剔，然则我当国之人，茹痛如此，其必尽改旧辙聿新百度乎。曰奚其然，奚其然。夫柄国之人，治外交则甚拙，欺明主则甚巧，问一心则不足，遏众口则有余。夫所谓辱国丧地云云者，自吾侪观之，则如是耳。若彼所闻于上者，岂如是乎。彼不曰辱国也。必曰我之待德本当同于英、俄。然则德既求所应求，我自允所当允矣。彼不曰丧地也，必曰租界届期即可还。然则固可以久假不归之虚券，作为到期归还之实事矣。明知此案一定，必永为规式，而犹必曰以外不得援例，而不知日后各国之援例自若也。不能获各国之公议，则必曰不愿别国干预，而试问从前之许人干预者何故也。且向来奏此数事，虽事已破裂，必言久经料及，以见其明言，再三辨驳以见其力。于所驳之小节，则张皇词语，以示尽力。于所允之大端，则迁就字面，以期掩饰。并当言取旨于上，以示事非由己。遂使国事百败，而藏身甚固，心术尽丧，而文则周密。以虚词示谋国之忠，以美言作文过之具。使在上无可责之罪，旁观无可指之疵，且于办结本事而外，再奏行一二小事，即足以告无罪于天下矣。曰如是不将见恶于外人，而何以未尝为外人所瑕疵乎！曰外人何肯然。夫外人者固将同心协力以安彼，而使己长执权于亚东也。（见光绪二十四年二月初一日《时务报》。）

十二月先生与湘乡曾敬贻君广铨游日本，遍历东京、横滨、大阪、神户、长崎等处，匝月而归。

诒年按：先生此行用意至远，于采访政治风俗而外，兼寓

有与其国之朝野名流联络声气之意义,非寻常游历之比。事前曾与梁卓如君往返商酌(时梁君在湖南),兹将梁君来书列后:

东行事,弟亦刻不能忘,惟前往之人,必须极老成慎密镇静者,乃可意中之人实无几。兄自往,则弟以为不可,因不可轻于一掷也。然今日实到山穷水尽之时,更雍容一刻,不知又作何了结,此惟兄相时而动。若此信到时,而德事尚未了,则往后之变,殆不可问。兄或以眷初姑往一观,亦未为不可,惟切须慎密,无待多属。

卷三　年谱二

光绪二十四年戊戌　西历一千八百九十八年

二月，与德国订立胶澳租界条约，许以胶澳租与德国，又许德国建筑胶济铁路，又许德国在铁路三十里内开采煤矿，又许山东省内如欲招致外人开办各事，应光尽德国承办。三月，与俄国订立旅顺、大连湾租界条约，许以旅顺、大连湾租与俄国，并许俄国由二十二年准许建造之干路某一站起，至大连湾或至营口、鸭绿江中间沿海较便地方筑一支路。四月与英国订立展拓香港界址专条，许以九龙租与英国。五月，与英国订立租用威海卫专条，许英国在华北得有水师合宜之处。降诏将变法自强之意宣示中外大小诸臣，令自王公及士庶各宜努力向上，发愤为雄。七月，谕杨说、刘光第、林旭、谭嗣同均赏加四品卿衔，在军机章京上行走，参预新政事宜。降诏将改行新法之意，布告天下，上下同心，以成新政。

诒年按：本年自四月以来，除旧布新之谕旨几于史不绝书，然自八月以后，则已一例推翻，其间有未停办者，亦复有名无实，在若存若亡之间，故不复详记。

诒年又按：是年所推翻之新政，或停搁之新政，至二十七年以后，复又以次施行，详见后文。

八月，帝称疾，慈禧太后重行听政。谕饬各省名捕康有为、梁启超，杀康广仁、杨深秀、谭嗣同、林旭、杨锐、刘光第等六人，此外革职者二人，永不叙用者八人，发往新疆者二人，永远监禁者一人，名捕并籍没家产者一人。

诒年按：三十年五月，太后降旨，戊戌案内各员曾经革职者俱著开复原衔，其通饬缉拿并现在监禁及交地方官员管束者，一体开释。十月降谕，翁同龢即行革职，永不叙用，并交地方官严加管束。

诒年按：翁尚书先于是年四月奉旨开缺回籍。

是年　月，法国一兵官为广州附近游匪所戕，法国因派兵舰入据广州湾。

先生年三十九岁。正月，与同人创设东文学社于上海之新闸路梅福里。三月，复设《时务日报》馆于上海。时《时务报》已风行一时，然月只三册，又专以提倡变法为主，于时政鲜所论列，因复纠合同志，集资创办日报，以记载中外大事，评论时政得失为主，畅所欲言，无所避忌。初时经费支绌，规划撰述皆先生一人任之，日则出外咨访，夕则篝灯握管，忘其劳瘁，然以纪载详核，议论平正，渐为士大夫所重视，销行日广，规模亦日拓矣。

诒年按：《时务日报》第一号之论说题，为论设立《时务日报》宗旨，先生所自撰也。为移录如下，藉以想见先生之怀抱。

呜呼！上下之壅蔽，人心之顽固，有如吾国者乎。去年胶事亟，国事安危在呼吸，时东友某君特航海来吾国。至上海则诧曰：德踞胶州，吾国上下议论若沸，而处其国者，声色如故，酬燕如故，问胶事或不知，或知之又不悉，又若不相关，何若是欤？至胶州则又诧曰：吾以为胶民晏然若处乐土，何又若是欤？呜呼！吾人心之不动，患在无以动之也。今若是，岂有冀于后欤？日报之制，仿于中国之邸抄，而后盛行于泰西，又大变其制，能通消息，联气类，宜上德，达下情。内之情形暴之外，外之情形告之内。在事者得愬艰苦于人，僻处之士，不出户庭而知全球之事。顾其利、或全、或偏、或有利，不能无弊，然要之利胜于弊，于撤壅蔽辟顽固，力甚大而效甚捷。譬之隆冬始春，百草枯柿，蛰虫咸俛，震雷一击，而蛰者起，枯者苗。两国交绥，战士懈怠。鼓声一振，而士皆奋发，悉力致死。然则处今之世，而欲使吾壅蔽顽固之俗一变，而洞彻，而愤厉，惟日报宜也。顾或谓令上海已有申、沪、新闻、大公、苏五报，而天津有直报、国闻报，汉口有汉报，长沙有湘报，福州有福报，广州有中西博闻报，香港有循环、维新、华宇、环球四报，意事无不举，论无不周，何用赘为。不知闻见患其不博，论说患其不参。博则虚实可相核，参则是非可相校，固不以复出为嫌也。夫如是，故海上同志复集款设立《时务日报》，出其所得告当途，并陈其一得之愚，海内贤人君子，其亦矜其志而许之欤。若夫市利之消，不洁之嫌，吾知免夫，吾知免夫。

附《时务日报》章程：本馆纠集同人，创建兹举，一切体例章程，较他报稍异，兹特申明于左，愿海宇君子鉴之。

（一）本馆之意在转圜时务，广牖见闻，论说之文，务取远大精确，篇章但求简赅，毋取冗长。即所登新闻，均择紧要有征之事，凡郢燕市虎之词，概为严删。（二）本馆重在采译西报，凡紧要新闻及有益之论说章程，悉行摘录。（三）现在风气大开，公司局厂林列，惟办理情形，局外无从窥测，本馆拟逐细探求，以饷究心时务之人。（四）本报另立专件一门，凡奏疏、章程、条陈等件之关于时务者，无不广为搜录，以资考证。（五）各处如有异常紧要之事，均令访友即行电告，俾阅者先睹为快。（六）报纸分为三层，俾阅者少省目力，句读加点，以清眉目。（七）首页开明目录告白，分别门类，以便检览。（八）各处访友，虽已订定，惟处事不厌精详，凡沿江沿海各埠及各都会，有才学识兼优之人，愿襄助为理者，请将新闻随时寄示，如能入格，即可添订。（九）事贵集思广益，倘有挂漏未妥之处，尚幸诸贤匡其不逮，如有崇论伟议见示者，本馆亦为采登。（余略。）

讨论（一）如有仿制或创制之物，请即函告，本馆即可托人前往试验，如确，当代登报表杨。（二）如有新撰新译书籍，亦请送至本馆，当酌为登报。（三）如有已开译书籍及创意欲撰之书，亦可告知本馆登报，以免重复。（四）如报中登事错误，请随时指正。（五）如有不惬意于报中所言者，请随时函示。（六）（从略。）

　　诒年按：《时务日报》初时由先生与湘乡曾敬贻君广铨及族兄仲虞君大钧集资设立，出报未久，仲虞君即退出，不复与闻报事。又其后，则敬贻君因置身政界，南北往来无定，于报事亦不常过问。故先生实始终其事，中间虽曾一度退出，终以主持无人，遂仍引为己任云。其销路则初时不过三千份，及四明公所事起，骤增至数千几及一万。至八月政变后，又缩至数千，直至庚子夏秋间，北方拳匪肇衅，始复增至万余云。

　　诒年又按：是时上海之报纸，最流行者为《申报》及《新闻报》，皆用微带黄色之薄洋纸印刷，俗所谓有光纸也。其纸颇薄，止能一面印，故一面有字，一面无字。其行款仍用书册式，每行由首至末，均一直到底，约计四十字左右，无有觉其不便者。先生创办《时务日报》，乃仿照东西文报格式，两面印字，每面划分四版，每版分作二栏，每栏计三十六行，每行计十八字。行短而字不多，不致伤阅者之目力，其便利实为不少。

　　然阅报者习于申、新二报，反以《时务日报》为不便，即馆中人亦多异议。先生与曾敬贻君毅然不为动，久之习惯如自然，遂又以此式为便利，后来之报纸，大都沿用此式。又逾多年，申、新二报亦遂改用此式矣。然当其初则众口谨然，不以为是也。改革之难，即此可见一斑。

四月，经君联珊创办女学堂于上海之高昌庙桂墅里，先生力助其成。

诒年按：此与东文学社之事实，亦均详著于事业汇录内。

五月，居上海之法人有强夺四明公所义冢事，甬人之旅沪者大愤，起而与之抗。先生始则指导之，使表示不可夺之义；继则裁制之，使勿有逾分之举，一于报纸发表其意见。以是甬人虽全体一致与法相争，而自始至终未尝逾越范围，法人亦曲意让步，皆报纸之力为多。事后先生以为此事之起，实由中外情谊隔阂所致，惩前毖后，谓宜于法租界公董局中增设华董，庶足必通彼此之邮，而销患于未萌。因上书江海关道蔡和甫观察论其事，全文已刊入书牍辑存内，兹不录。

诒年按：先生当时虽建公董局中宜增设华董之议，然迄未实行。直至民国三年，法人要求推广新马路区域，上海交涉使因以增设华董相要，遂于公董局中增设华董三人，十八年又加二人，合为五人。公共租界亦自十七年起于工部局内增设华董三人，二十年又增二人。

诒年又按：上列先生致书上海道蔡观察事，其书之底稿，令尚留存，故据以入谱。以后所列上各省督抚及政府之函电，亦皆以存稿为根据；其无稿可据者，则虽知有其事，亦概付诸盖阙,特发其凡于此。

六月,奉旨将上海《时务报》改为官报,派康有为督办。先生奉谕后,以《时务报》既奉旨改为官报,则《时务报》名目自非草野所敢擅用,因即改为《昌言报》,一切体例均与《时务报》一律。其后八月,又奉谕时务官报无裨治体,徒惑人心,著即行裁撤,《昌言报》亦以销路锐减,经费支绌,出至第十期即行停办。《时务日报》亦同时改为《中外日报》。

诒年按:先生彼时于报端刊一广告,表明将《时务报》改名《昌言报》之故,有"康年于丙申秋创办《时务报》,延请新会梁卓如孝廉为主笔"之语,不意因是忤梁君之意,遽作一长文痛加驳诘,腾布远近。益由梁君壮年气盛,不暇思索所致。其后梁君盖亦有悔于厥心,故自戊戌八月出亡后,尝屡致书先生通殷勤修旧好。兹为选录二通如次,亦可见先生与梁君交谊之经过也。

梁卓如先生来书:到檀后得第二书,领悉一切。兄之相爱,语语肺腑,读之犹恍忆南怀仁里,夜雨一灯,兀兀对坐时也。所示做事,不可太高兴一语,诚中弟之病根,当日三复之。比年以来,屡经挫折,于世途上勾当,阅历日深,自问颇较前者略有增长,若得与兄他时相见,或亦许其非吴下阿蒙也。废立诏下,举国震动,而上海一隅,义声尤烈,逆谋稍敛,皆赖此举,兄与诸公提倡之功不在禹下。但此后我辈责任日益加重,非片纸空文可以谢天下也。(光绪二十六年二月二十八日由檀岛发。)

又书:天道无知,人事无常,戊戌别后,岂料其合并之难至此哉。嗟夫! 走非木石,能不神驰哉。回銮后,泄沓如前,想前途大业,必非可以望诸老朽之辈。吾侪虽屡试屡挫,但历岁寒勿衰其志而已。想兄近亦深精进,《中外日报》之婷,直实可惊服,前者清议论说尚当退避三舍也。(光绪二十八年二月十五日在日本发。)

诒年按:以上所列,已成陈迹,今因近人所著书尚有引用梁君之文以为资料者,故为追述其大略。

九月,元配王宜人以肺疾卒。先生伉俪至笃,悲不自胜,然常日治事如故,不以是而废弛也。

是年,湖南巡抚陈右铭中丞宝箴,举先生经济特科,先生未应。八月政变后,是科亦停罢。

诒年按:陈中丞举先生事,未知在何月,故纪于是年之末。

诒年又按:检阅先生遗存之节札稿内,见有是年六月致高梦旦、汤蛰仙二君书,均有"现开维新总会,诸事冗集,益无暇时"之语,知当时有创办维新总会之举。惜此会章程已无可考,故宗旨如何,办法如何,不得而知,只可付诸盖阙之列。

又续于遗稿中见有致日本近卫笃麿、大隈重信、犬养毅三君公函，内言某等闻大名久矣，辄以未获躬侍左右，畅聆伟论为憾。敝国人游贵国归者，咸迷从者眷怀时局，慨然以振兴东亚自任，凡在同洲，罔不仰企。某等不敏，常以交邻之道，互相质证，佥谓欲联日清为团体，必从学会入手。前闻从者于亚东协会事宜，殷殷提倡，不遗余力，感佩同深。某等近亦熟思互商立一学会，名曰正气，本以友辅仁之旨，寓人贵自立之思。立会以后，来者颇多，伏思从者于日清交谊素抱热肠，因特奉上章程□册，敬乞俯赐览观，并恳有以教之云云。

阅此书稿，知当时有正气会之设立，为与日人联合声气之机关，惜章程已不存，年月亦无可考，特为附志于此。

附录 纠正《南海康先生传》诸书

近见东莞张伯桢所著《南海康先生传》（以下简称康传）内有云：其时适上海《时务报》汪康年亏款甚巨云云。张氏此语，不知何所根据。考当时原有一种谣言，谓先生亏空八千金，先生视为不根之谈，置之不辨。及至二十四年戊戌夏，则言者愈多，京城尤甚，几于众口铄金，视为实然。先生乃撰一广告，布告远近士大夫，兹将其中重要一段，节录如次：

（上略。）馆中所收之经费，以捐款、报资二者为大宗，其余均为数甚微。捐款除随时登报致谢外，又于每六个月所开之收支清册，将实收之数，详细开列，试问助资诸君，有已付款而未登报者否？使此八千金之款，康年取为己用，匿不以报，则彼助资诸君何为默然不一言？至于所收报资，亦已两次开列寄报收款清单表，供人检核。大约除所托非人，被其乾没；或其人不善经理，以致报费无著；又或相距较远，尚未收到外，其余即已尽数列入表内。使康年所侵匿之八千金，或取之报费，则必有曾付八千金而未获列入表内者矣，盍亦就代派诸君而一问之乎。收款之凿凿可指，既已如是，则必支用之帐或有不实，而后此八千金之数，乃可融入其中，而使人不觉然。自丙申初秋至今夏（指戊戌言），计共用七万二千余元又二百两，其用之也，有其时有其人，并有其藉。且旧年以前，姑不置论，今岁上半年，计共用一万八千余元，内除薪资、印报费、寄报费暨还代派处各款共一万四千八百余元外，其余房租饭金各项零用，都共三千二百余元，以半岁七月除之，计月用四百五十余元，其为款归实用确凿可知，更何处容此八千金之虚数乎。（下略。）

观于上列广告所言，则亏款甚巨之说，其为当时挟有嫌隙，凭虚臆造之谣言，不辨而自明。乃康传犹从而述之，毋亦有未合者欤！

康传中有一语尤为奇突。据言先生讦于上海县引捕役赴大同译书局及梁先生家逮捕云云。夫先生彼时与康、梁诸君诚有意见，然以先生之风谊而论，则乘危下石之举，决然不为,此固可断言者。康传于叙述政变亡命千端万绪之中,忽插入此语,不知何意。且张氏亦不思尔矣大同译书局是否一僻陋之书肆,梁君所居是否在荒僻之乡镇,乃待人引导耶?又如果有此事,则梁君事后方当视为贸首之仇,切齿腐心之不暇顾。二十五年夏间,章太炎君东游访梁君于东京,梁问章曰,穰卿果何如人?章曰:洛蜀交讧,而终不倾入,章、蔡视木居士何如耶。此章君特作书以告先生者。而二十六年二月,梁君至檀香山,二十八年二月梁君在日本,均有书与先生通款曲,使先生所为果有如康传所言,梁君非健忘者,肯作尔许殷勤耶?则康传之为诬辞,可不待言而明。所不解者,张氏撰康传义在信今而传后,顾乃摭拾谰言,不加刊削,岂以为先生脱离尘世亦已有年,可以称心而言,不惧驳诘耶?《史通》有言:秦人不死,知符生之厚诬;蜀老犹存,识诸葛之多枉。振古如兹,匪今斯今矣。

诒年复又见常熟钱仲联君所撰《黄公度先生年谱》(以下简称黄谱),亦根据康传有汪穰亏款甚巨之语,复又继之曰,穰卿乃私改为《昌言报》,抗旨不交云云。按当时御史宋伯鲁奏请将《时务报》改为官报。(按:据张撰康传,则言由康君草折交宋伯鲁上之,并请饬梁启超专办此事。)奉旨令总理大学堂大臣孙家鼐议奏。旋于六月　日奉谕,将《时务报》改为官报,派康有为督办其事。先生见电传上谕后,即将《时务报》停办,一面电催康君来沪主持,正是遵旨办理,何云抗旨不交。一面即另办一报，因谕中有各报体例，（中略），中外时事，均许据实昌言之语，故定名《昌言报》。是将《时务报》交出为一事，另设《昌言报》又为一事，何云私改，此不可解者也。戈公振氏《中国报学史》纪载此事，备录先生呈两江总督之全文，以明此事之原委。而黄谱乃断章取义，仅载呈文之首段，以为抗旨私改之佐证，而于后半段辨正之语，则置而不录，未详其故。

诒年又按：私改为《昌言报》及抗旨不交二语，盖发于康君。康既以此二语电告江督，并有望禁发报等语，江督即据以电奏，奉旨令黄遵宪于道经上海时查明原委，秉公核议，是其事尚在听候核议之中。顾康君则已编电各督抚，请为禁发。各省颇有奉行者，江西藩司翁方伯即已札饬德化县传谕派报处福康轮船公司，有不准发售《昌言报》，倘有抗违，立即宪办之语。然江督批先生之呈文，则有该进士遵即就原办报馆，另拟《昌言报》刊印发售，尚无不合，应准照办之语。则先生之是否抗旨，是否私改，当可不待辨而自明矣。康君又电致苏松太道，有："商孙中堂令请禁发《昌言报》"，并有"无干参办"之语。先生乃请命于孙中堂。旋接复函有：弟意康水部处此，必有一情至义尽办法。接来电，水部电致上海道，有奏参封禁之语。此水部之言，弟并无此语，宜分别观之云云。据此则抗旨不交，私改为《昌言报》之语，全出自康君之口，即原奏之孙中堂亦不以为然矣。

上列亏款甚巨及抗旨不交二点，黄谱中业经改正，然未改之本散出者已不少，恐后人不察，信为实然，故复详辨之如右。

此外更有当附带纠正者，当《时务报》奉旨改为官办时，梁卓如君曾撰《创办时务报〔馆〕原委记》一篇，几及三千言，戈氏《中国报学史》中曾全行录入。黄谱遂有道经上海，因主张《时务报》举董事几与汪穰卿决裂之语，亦节录梁文，以为佐证。按梁君此文，系一时称心而言之作，本不可为典要。先生彼时不欲尽情指摘，有伤雅道，又不欲彼此辨驳，贻笑外人，故仅作《创办时务报原委记书后》一文，寥寥数百字，登诸各日报，兹照录如次：

昨日读本埠各报，有吾友新会梁卓如孝廉所撰创办《时务报馆原委记》，洋洋数千言，于康年办事立言之错谬，针砭备至。康与卓如订交于庚寅年，两人交若兄弟，自开报馆以后，尤觉亲密。但以学术不同，加以搆间，致渐乖异。此记所言，是非得失，尚待公论。康年既不欲毛举细故，以滋笔舌之烦，尤不敢力争大端，以酿朋党之祸，盖恐贻外人之诮，兼惧寒来者之心。良以同志无多，要在善相勉而失相宥，外患方棘，必须恶相避而好相援，此则窃愿与卓如共相劝勉者也。窃意卓如素讲合群之谊，其所撰文字，于中国之自相胡越，自相鱼肉，皆疾首蹙额而道之，似不至以一时不合，遽尔形诸笔墨，见诸报章。又此记中节外生枝，离题殊远，其所言皆与从前实在之情形，卓如历来之信札，诸多不符。姑以近事言之，康年六月十三日即电致康工部云："电悉。公办报甚善，乞速来。"十九日又发一电云："《时务报》奉旨归官，康不敢擅拟，请公速来。"二十二日接康工部信后，当时即发一回信去，备陈一切。卓如在京，断无不知之理，何以告白中竟有既无回电，又无复信之语。则此告白是否出卓如之手，尚不可知，是以暂置诸不辨之列，庶于我两人平日相待之交情，相许之志愿，不致乖违。特附书数语于此，以释群疑。

右文发表后，梁君并不答复。是则梁君原文之不足据固可知矣。后人不当更引其说也。

诒年按：右文所述之事，至今已四十年，后死者诚不宜激巴靖之波，扬久烬之焰，然戈氏书颇有名于时，黄谱冠于《人境庐诗草笺注》之首，流传必广，诚恐阅者误信其言，或致疑于先生，实不可以不辨。

光绪二十五年己亥　西历一千八百九十九年

四月，派刚毅南下搜括财赋。十月，与法国订立广州湾租约七条，许法国得将广州湾租为停船趸煤之所，并许法国得在广州湾地方建造铁路电线等。十二月，立载漪之子溥儁为大阿哥。

先生年四十岁,在上海主持中外日报馆事。

十二月,立大阿哥之诏既下,中外哗然,虑将有不测之变,时惟江督刘岘庄制军坤一致电荣禄力争,有"君臣之分久定,中外之口难防,坤之所以报国者在是,所以报公者亦在是"等语。先生维时特于报中发抒意见,更窃语人曰:不去庆父、鲁难未已,恐尚有大祸接踵而至也。至次年不幸而言中矣。

光绪二十六年庚子　西历一千九百年

五月,以拳匪滋事,戕杀武员,烧毁电杆铁路,谕饬严拿匪首,解散胁从。

诒年按:拳匪一役,盖由多数昏庸谬妄之人集合而成,其初本只十百无赖,迎合群众心理,以扶清灭洋为号召,博取无识者之拥附,求遂其掠夺之大欲。不幸而有与教民有宿怨之多数人,信其实有降神附体之能力,欲藉以泄忿而报怨。又不幸而上至宫廷王、大臣,下至士大夫,平时不慊于外人,或有积隙于外人者,忽思藉若辈之力,欲一举而芟夷之以为快。其始尚冀其事之成,又恐其事之不成,故为实与而文不与之计,迭下张皇声势之诏,称之曰拳民,而以持械寻仇杀人放火等等读诸奸民会匪。迨至外使被戕,巨衅已成,则亦公言不讳,而崇奖奸回之语,且迭见诸皇皇谕旨中矣,其事既不足纪述。而是年十二月,复降谕言夏间所颁谕旨,皆由首祸诸人乘间矫擅,著令提出消除,故除第一次严拿匪首解散胁从之谕旨外，其余一概不录。

日本使馆书记官杉山彬被戕。各国联军攻据大沽炮台。德国公使克林德被戕。六月，各国联军占据天津。七月杀许景澄、袁昶，又杀徐用仪、立山、联元。授李鸿章为全权大臣，电商各国外部先行停战。各国联军入京，皇太后与皇上出京。复谕准李鸿章便宜行事，不为遥制。湖北破获在汉口预备起事之自立会。八月，太后与皇上至山西。俄军占领黑龙江省城。闰八月，授奕劻为全权大臣会同李鸿章妥商应议事宜。九月，太后与皇上至陕西。直隶藩司廷雍被联军统帅枪毙。

先生年四十一岁，在上海主持中外日报馆事。

是年拳乱骤起，京津间既已戕公使攻使馆，而京外焚教堂杀教士之举，迭起环生，直有铜山西鸣，洛钟东应之势，外论哗然，对于吾国几无恕词。先生独著论力斥邪民之酿变，政府之祸国，然推本于人民信拳之心理，排外之缘由，以百十无赖之猖狂，而能于不崇朝之顷，使从之者如归市，其岂曰无因，以见其咎不尽在吾国。西人之晓华事又通华文者，见先生此论，甚以为然，转相传译，公论始稍出焉。先生复又力属译员，凡西文报内所载西人持平之论，必须译出，以征症结之所在。故《中外日报》此类之言论，时有译载，特为摘录数则如次：

（一）英相沙候，于某日在英国传教会大会中言曰：外务省深不惬意于传教之人，详观往事，传教者往往以身殉教，从未闻一遇艰难，即请领事干预，或请炮船保护。此次中国之事，确系传教者所致。（中略。）故我劝诸君，以后传教，不必过于踊跃，总以谨慎为主云云。译《字林西报》所录伦敦二月二十二日来书。

（二）前驻印度总督古尔逊所著教士论云：华人之从教，于涉讼等事每得分外之益，以致民教更积不相能，一如南印度之入教即可谋生。又云：遇地方有所举行，教民皆不出公费，则平民出费益重，亦积仇启衅之一端。又云：国政之交涉，几尽在教案中，凡足以启衅者，首宜力除之，否则亦必多方裁抑之。（中略。）然仇怨日深，即恐有全败之一日。至于教士遇害，以钱抵偿，交际之道，一至于此，亦可怜矣。又云：教士之品行，为祸福之所倚，最关紧要，奋发有为，非传教者之所宜，慎选教士系英美教会之责也。教士亦必自爱，兢业从事，以防后患，则庶可矣。

（三）西历八月十日《字林西报》载奥京某报云：近日中国北方之事，实因欧洲各国往往无理干预，且有意蚕食中国疆土，中国忍受折磨，为日已久，故一旦起而为难也。（中略。）中国之痛恨教士，隐忍有四十余年矣，即以近六年而论，亦无日不觉洋人之渐食其肉也。又何怪其乘机滋事，思有以脱去洋人压制之痛哉。乱平之后，各国其慎思所以待华人之法，而勿蹈前四十年中之所为，则庶几乎可矣。

（四）法人包和尔君在比斯大会场中言曰：此次中国拳匪之乱，其故厥有三端：一因教士中不免有狂妄者，而各国使臣复助之向中国为难；二因欧人在中国者虐待华人；三因欧美两洲富商在中国专利为华人所忌云云。译十一月十四日《字林西报》转载西十月十四日英《泰晤士报》。

诒年按：以上皆庚子年欧洲人之言也。再等而上之，则同治十一年法国驻北京天主堂副主教樊国梁曾有言云：天主教之在中国，犹中国之有喇嘛，专行其教，并不干预国政。即法国现行事例亦是。主教者管教，地方官办公事，两不相侵。又云：教中规矩，凡涉讼及不守本分之徒，向来斥绝不收。（中略。）于不守法之人，随时驱逐出教云云。（见孙竹堂《书牍辑要》）是知西士之传教，原有一定准绳，徒以后来教士意在揽权，地方官意在省事，逐致愈趋愈下，不可收拾耳。然自庚子以来，民教相争之事，遂觉日渐减少，教案二字，几可成为交涉史中之名辞。实由拳乱后，教士既迭被指摘，亦自知曩昔所为，徒以结平民之忿怨，为传教之不利，由是下复为莠民所利用。又渐知转变计划，从上级社会下手。于是以向来著名排外之省区，全国仰望之华胄，亦且毁家以资助教堂，舍身而为教服务。上有好者，下必甚焉。教民与非教民，渐觉鲜所龃龉，识者于此，可以知世变矣。

诒年又按：我国自通商以来，教案层见叠出，国民之因而被杀戮者不知凡几，国币之耗于赔偿者，又不知凡几。至于拳乱一役，遂为最大之牺牲，亦为几于最后之决裂。而考其乱源，则可以三言蔽之：曰教民恣横而已，曰教士庇护而已（按：教士亦有公平者，教民亦有安分守己者，此特就大概言之耳），曰平民积忿而已。初不意星星之火，遂致燎原也。当时夏穗卿君在祁门县任内，迭有书致先生评论此事，以身任地方官之人，述身所经历之事，其所言自属忠实。凡教案之起源，源盖不出二书范围，亦可知历来各省疆吏及地方官，于镇安及消弭之方法，固实有所未尽也。特为照录如次：

教案之起，绝非由民智不开，说者谓愚民疑教堂中有采生折割等事，因而起衅云云。不知吾民从来不因公愤而自冒险，疑则有之，而闹事断不因此。大约起事之由，总由词讼而起，先有无赖之人，自知不容于众，归教以求庇护。既已归教，则种种作恶，逾于平日，亦不必果有大事，但同一买物，而教民可以减价，同一借债，而欠教民者不得不完，教民欠者不能索取，此等事甚多，不能悉数。乡愚无知，此等细事，无不计较，积久遂成衅隙。迨既有意见，则寻常一打架口角之事，若民与民为之，事过即忘，若偶为民与教，则分外认真，及讼之于官，而教士未有不横身干预（亦不得以此罪教士，因教士若不干预词讼，则可以无一教民也。教士何以对教会乎！），若州县欲持平，则事必闻于上官，上官无不奉教士之语者，即使其理甚明，万难倒置，则压搁不批（此习岘帅①最甚）。中国之地方官，岂有为国为民之义，既见上官风旨如此，自然袒教抑民不遗余力矣。彼小民者怨愤无可伸，自不得不自行报复，而又有无数穷极之人，欲抢教堂以自救，两者合而教祸成矣。教祸既成，其后终归大加杀戮，如此则仇怨愈积，而归教者日多。盖幸而民智未开，尚疑受教后有奸污挖割之事，尚在徘徊耳。若知教堂中无此事，则必至无一不归教者也。说者又谓，教虽外国之教，民仍中国之民，此语非也。盖教民绝无一信其宗教而归之者，皆为词讼起见耳。既已归教，有教士庇护，可以不服国权，则一国而有二种民矣。夫今遍地球之国家，一国之中可以任民信用何宗教，不能任民信用何律法也（以上均就至平和之情事而论，尚有大非情理者，不在此数）。设总教务处一事，不啻奉内政之全权归于罗马教皇之掌上，其弊大矣（耶稣教不甚有弊）。然其他竟无办法，即使设立专条，不过好看语耳，断不能实施。盖教祸一端，乃我灭种千万因中之一大因也。

　　又书　敝地按谓祁门六月间，西邻景德镇闹教隔百里，东邻屯溪，又忽来难民千人，于是祁人亦有跃跃欲试之势。先是此间无教民，三年前有人廖姓于县试场外获传递之人，送官办

---

① 指两江总督刘坤一。

之，而诸官则以欲办此人，已先有关防不严之失，遂坐廖姓以诬告而重办之。廖自狱中逸出，逃至屯溪，不知所向，遇人劝以入教，遂入教焉，此为邑人归教之始。去年又有典当失火，照例典当自己失火，照赔十成，被人延烧，则赔半，而此当实自己失火，当赔十成。行贿于官，乃令赔半，而此当中所质物，皆穷人之物，不能吃此大亏，乃聚众讼之。官则大怒，严办来讼之人，众无奈又逃往入教近日教民积至四百余人，此二役，教谕曹笙南实主张之。以故教民均与曹不合，当西东邻之告警也，曹欲藉此以绝教之根株将伪谕传播分送，并伪造北电，谓西军如何败绩云云，乃逼鄙人以严办教民。鄙人谢不能。曹乃上言于各上官，言鄙人之纵教，又怂恿百姓以杀教为言，土人皆以为然。数日之间，讹言四起，大书揭帖云"奉旨仇教"等。鄙人观其情势，不可强为，乃阴遣教中人挈眷遁去，度其去远，乃声其罪而责之，于是民气始泄，教民始全，近日可无事矣。惟曹公尚在，则地方终不安也。

诒年又按：先生后来于《刍言报》及所著之笔记中，曹各有一则，办理教案最有关系，并为移录如次，亦以见先生之最注意此事也。

议员中有言及民教之事者，此今日内政中一要务也。按庚子之役，非特吾国憬然以为大戚，即各国亦深知酿患之所在,而为惩前毖后之思。闻英公使特饬各处教士,不得干与公事。法使亦饬天主教士,不得用前时中国所定教士亦得以等级与中国官场相对待之礼。然此二事,吾国官场乃多未知能设法广播之,使知两教教士之地位,于事亦有益也。(见宣统二年十月二十一日《刍言报》。)

　某年(在辛丑之后),英国公使特行文各处领事,由领事转饬各教士,略谓教士干预词讼,本于例禁,今特重行申告,以后有民教讼案,教士不得再投函地方官,属托抑勒。倘有此等情事,一为本公使查知,即当驱逐回国。又某年(在庚子以前),总署以法教士之运动,奏定教士名位与中国地方官署对待阶级。是年(亦在辛丑之后),法公使亦饬各教士将此例废除。此二事吾国外交界或有未知,故特著于此。按庚子之祸本于民教不和者大半,各国亦深知其故。故英、法公使均有此等公文,如此则官吏办事可稍自如矣。惟是民教失和之故,官吏逼勒,教民肆横,民人误会皆有之,各地方官得此机会,正当以公平从事,绝不可有偏袒之见。平民与教民,亦彼此坦怀相与,勿稍挟猜疑欺压之心,斯可矣。(见《汪穰卿笔记》第二卷。)

　五月,北方拳乱既盛,南方也岌岌可危,先生甚忧之。特至湖北以剿拳匪劝政府之说上诸张孝达制军。又至江宁托人将其说上诸刘岘庄制军,既而李少荃傅相至上海,复联合同志,上书傅相，请即率兵入都，以剿匪为讲和之根本。惜均未见采用。

诒年按：七月中，先生复又至江宁，欲与同志上书刘制军，力陈宜即举兵入都护卫两宫，因以弹压西兵，主持和议。旋因为时已迟，不及上达而止。其详见书牍辑存所载上刘制军书内，特附记于此。

是月，闻英与诸国将遣兵轮入长江保护侨民，先生以为此时欲靖北方，非先保南方不可，欲保南方，非先与各国切实订约，使中外相安不可。遂有赞助上海各官绅，商请两江、两湖总督委派江海关道与驻沪各国领事订约互保东南之举。约款共九条，为照录如次：

一、上海道台余、现奉南洋大臣刘、两湖督宪张电示，与各国驻沪领事官会商办法：上海租界归各国公同保护，长江及苏、杭内地，均归各督抚保护，两不相扰，以保全中外商民人命产业为主。二、上海租界公同保护章程，已另列条款。三、长江及苏、杭内地各国商民教士产业，均归南洋大臣刘、两湖总督宪张允认切实保护，并移知各省督抚及严饬各该文武官员，一体认真保护，现已出示禁止谣言，严拿匪徒。四、长江内地，中国兵力已足使地方安静，各口岸已有各国兵轮者，仍照常停泊，惟须约束水手等不可登岸。五、各国以后如不待中国督抚商允，竟自多派兵轮驶入长江等处，以致百姓怀疑，藉端起衅，毁坏洋商教士人命产业，事后中国不认赔偿。六、吴淞及长江各炮台各国兵轮，切不可近台停泊及紧对炮台之处，兵轮水手亦不可在炮台附近操练，彼此免致误犯。七、上海制造局、火药局一带，各国兵轮勿往游弋驻泊及派洋兵巡捕前往，以期各不相扰。此局军火，专为防剿长江内地土匪，保护中外商民之用，设有督抚提用，各国毋庸惊疑。八、内地如有各国洋教士及游历各洋人，遇偏僻未经设防地方，切勿冒险前往。九、凡租界内一切设法防护之事，均须安静办理，切勿张皇，以摇人心。

诒年按：王蘧常君所著沈寐叟先生_{曾植，字子培，晚号寐叟}年谱有云：公痛北事不可救，以长江为虑，与督办商约大臣盛杏荪府丞_{宣怀}、沈涛园中丞_{瑜庆}、汪穰卿中书_{康年}密商中外互保之策，力疾走金陵，首决大计于两江总督刘岘庄_{坤一}，来往武昌就议于两湖总督张香涛_{之洞}，而两广总督李少荃相国实主其成云云。现此可知当时立约互保之原委。

诒年又按：其时北方固已糜烂不堪，即南方各地，亦蠢蠢然有乘机窃发之势，即就省会及商埠言，市民之传说，大都表同情于拳匪，思起而效其尤。假使各国军舰麇集长江，各地风声四起，讹言繁兴，莠民从而和之，则大祸可以立作，全国将无一片干净土，不可为国矣。故立约互保，实为不得已之举。先生参预此事，不欲为人所知，故《中外日报》直至约款订定后始行宣布云。

六月,浙江西安县暴民聚众滋事,知县吴筱村大令德潚正在团防局筹议防务,忽被暴民指为通匪,缚送道署,囚诸签押房。旋又拖至大堂外群刃交下,置之死地,眷属幕友家丁等被害者三十余人,仅其母某太夫人及其继室冉夫人并一幼子幸免于难。先生与吴君为至好,闻信大恸,急遣人至衢密访其遗族。其后吴夫人奉姑扶柩回川,过上海时,先生特为之尽力迎护云。

诒年按:土匪作乱,事所恒有,至如西安之祸官,非独夫民固乌合,乃至仓猝被害,阖署并命,斯真千古之奇惨,当世所希闻者矣。事后吴君之夫人曾详述始末,向浙抚呈诉,以吴君与先生交谊至深,而受祸又至酷,故特将呈文全录如左:

窃氏夫西安县知县吴德潚,于光绪二十六年六月中旬,因邻邑江山县属土匪起事,衢州郡城闻警,镇、道、本府皆深居不出,氏夫以责司守土,竭力筹防。是月十九日,县属南乡民团送匪二名到县,氏夫讯得确供,面禀道府请立予正法,以遏乱萌。道府拘泥不允,氏夫以匪氛逼近,再三禀白,始准惩办一匪。二十日早间,民团复送匪三名,晚间又送匪十一名,起有火药一担,刀枪、铁标、暗号、竹牌及红黄布旗各一面,上有太极图,并"中和归一"印文。氏夫立即研审,内有刘开元等数人,确系匪党头目,直供不讳,当录供面呈道、府,请将首要正法。道、府仍以专擅为嫌。其时警报迫切,氏夫虑久稽生变，反复陈请，尚尔游移。直至二十四日傍晚，得江山县失守之信，氏夫又复力陈，若再不将首要正法，必酿大患，日后专擅之罪，情愿一人承担。道、府慎重人命，始准正法三匪，即于是夜会营将准杀之三匪捆出县署，经城守营都司周之德在县署照墙边处斩讫，此实氏夫力请办匪之确据。

不知周都司因何挟嫌，且欲矜己长，以炫于众。于斩犯后，忽在街市扬言：这几名匪犯县官本不肯办，是我强要杀的。县官原欲在城外杀，使匪徒来劫法场，所以我押出县衙门口就杀了。又说：今日我亦甚险，县中家丁亲兵都带有刀，我若随从兵少，几乎亦被杀矣。当时街市人人听闻，致启团营诬疑之渐。此道、府拘牵例文、优柔寡断、都司妄言酿祸之根由也。

先是二十一日晚间，西门地保鸣锣，声言江山土匪已至南门，人心异常惊惶，团绅仓猝登陴。氏夫即速上城查看，城外安静无事。该地保旋送一奸细，当讯系本城染店伙计，立传该店主认识取保释放，以地保造谣惊众，贪功妄拿，将其笞责。又面告团绅，嗣后城垣则各守各段，街市则各清各段，不得错乱惊扰，以专责成而便稽查。此氏夫责斥地保实为平谣靖乱力筹防守起见。讵该团董等不明是非，不察真伪，往见道、府，捏禀惑听，反以氏夫为非。氏夫是时仍以守土为念，因复独任其难，黾勉部署。及二十四日晚间，会营诛匪之际，先即一面督团上城防守，并饬将附郭房屋拆去，坚壁清野，勤劳终夜。甫至二十五日黎明，即赴府禀商，集绅筹防。讵家丁李升及上街买菜之厨夫宋元，先后为水亭街周王庙团勇捆绑，指为放火奸细。该地保即鸣锣集众，沿街吆喝"县官通匪，已将县署放火奸细拿获"等语，顷刻合城传遍，因是民人莫由别白。氏夫适由府到城隍庙团防局，团绅群集，本府亦到，尚未筹议，忽报称获有奸细李升、宋元均系县署丁役，氏夫吩咐我即随同道、府审讯，如果通匪，定即严办，断不回护等语。话未说完，突拥入团营多人，各执刀械，将氏夫捆绑，当有跟丁高福上前护卫，立被该团营乱刀将高福戳死。洪本府目睹乱情，一言不发，乘轿赴道署。团营亦将氏夫抬送道署。道、府情急，闻系向乱党磕头求情，始将氏夫释缚送道署签押房内。道台即请镇台议事，当喻镇到道署时，乱党各散，乃喻镇片刻即行，乱党复聚，鲍道台遂以西安县办理不善，贻误地方，着即撤任牌示并委员到县摘印。旋将拿去之县署亲兵四人，连捆之家丁李升一名，道、府俱不问供，即令周之德由道署捆出处斩，内有亲兵游三銮，系周之德所荐，由周之德临斩释放，其厨夫宋元仍在道署捆押。于时城中大乱，道、府任听团营肆行无忌，镇台亦不发一兵弹压。乱至酉时，该团营复拥入道署，径将氏夫拖至大堂外乱刀攒死。此氏夫吴德潚被团营乱党诬以通匪，惨遭杀害之实在情形也。

　　当二十五日黎明，氏夫赴府后，突有无数身穿号衣乱党及本署书差，闯入县署，将氏夫子以荣、以东，次孙恕昌并幕友七人、官亲二人、家丁八名，凡二十人，捆捉分送道、府，仅有征席洪翰臣系本府堂侄，先期经府署接去，毫未受惊。该乱党复拥入上房，将氏姑今年七十八岁，竟敢从床上拖下，书差说是老人，杀之无益，始得释放，犹将金钗拔去。氏姑年老，经此惨变，现已人事不知。氏及女眷，幸身换破衣，躲入厕房等处得免辱戮。署中帐房、上房公私银物，抄抢一空，暨将氏子以荣、以东，次孙恕昌，幕友萧欣园、张熙农、章墨臣、鲁宝斋、余子威，官亲汪伯年、张少连，家丁江福等二名，共十二人交道署。章墨臣、鲁宝斋越道署墙壁逃脱外，至二十七日，鲍道台将以荣等十人及前拿之厨夫宋元计共十一人，送交团防局，一并杀害。其送府之幕友金倬夫、何勉斋及家丁葛升等五名，计共七人，业经钉镣收禁，于二十八日洪本府复送交团防局，即在府署前乱刀戳死。尚有家丁李钧闻乱赴府探信，被门役推出潜匿，幸存活口。其余被团营搜杀者复有家丁七名，以及二十五日被杀之亲兵三名，家丁高福、李升，统计印官被戕之外，先后署杀至三十命之多，并是无辜，全遭惨毒，人数确凿，无理难容。此又氏子及孙并合署惨被杀害、署中被抢之实在情形也。逮氏夫被害后，道府连日派人来搜火药，典史将签押房等处地板撬开，搜无火药等物。周之德大儿子复将书房物件掳掠馨尽，其余各房无不搜到。物件系一穿蓝开气袍人吩咐，挑往府署。至此署中一物不存矣。旋复有人用本府封条，将氏等封禁上房，不准出入。此又事后抄掠封禁之实在情形也。（下略。）

诒年又按：吴夫人未具呈之前，钱塘县沈剑芙大令先已代为呈诉，其呈首叙述吴大令疾恶如仇，见怒群小之情状，阅之令人悲愤，并为节录于下，以补吴夫人呈文所未及。

（上略。）近十数年来积习相沿，风气日薄，城乡各处，以敲诈为生者，名曰辣腿，随在皆有。家主嫉恶如仇，密派拿获，从严惩处，虽于地方有裨，而无赖棍徒不无忿恨。西邑民间好讼，实由胥役从中舞弄，借端需索，以至积案甚多。家主力除积弊，随到随审随结，使胥役无可施其伎俩，偶有需索，立予严惩，胥役亦不无怨恚。余如劝办积谷，讲求农务，创兴橰茧，稽查保甲等事，无不实心实力，认真举办，初不料以此贾祸也。（下略。）

闰八月，先生因事至南京，江督刘岘庄制军忽误信蜚语，疑先生有异图，遣一武员率兵至先生寓所之客栈，闭门大索。幸先生先已得讯，急微服出通济门，附内河航船，由句容、丹阳经常州达苏州，改附小汽船至上海。事后始知刘制军既索先生不得，复派数十人至下关，遇有登汽船之旅客，均加以穷诘，期于必获云。先生后致书刘制军，辨明其诬。刘制军亦知为人所误，其事乃已。

诒年按：此事至奇，先生后亦知蜚语所由来，以不欲多取怨于人，故不复请当道究治。尝举以告人谓，生平所值倾险排挤之事，不一而足，惟此事则绝无踪影，止可谓之笑语云。后又有人劝先生作避地之举，免受危害者，先生以死生有命辞之。

诒年又按：先生致刘制军书，已刊入书牍辑存内，兹不录。

十一月，母关宜人卒。宜人自甲申年大病获愈后，精神康强，视听不衰。先生常日在外治事，而晨昏定省，凡所以娱母者无不至。至是以微疾卒。先生哀痛尽礼，一如壬午居忧之时。

光绪二十七年辛丑　西历一千九百○一年

正月，降谕惩治首祸诸王、大臣，计正法者三人，赐自尽者三人，斩监候，发往新疆永远监禁者二人。斩监候业经病故或自尽免再置议者三人。

诒年按：去年闰八月，即已降谕惩治首祸诸人，然不能满外人之意，故十二月及此月，复行降谕二次，将罪名递次加重，始将此案结束。

四月，谕开经济特科。派醇亲王载沣为头等专使大臣，往德国谢罪。停止戕害外人之顺天、太原地方乡试五年，府县城镇均停止文武小试五年。五月，派那桐为钦差专使大臣,往日本谢罪。六月,改总理各国事务衙门为外务部,派亲王为总理,设会办大臣一员,尚书兼会办大臣一员,侍郎二员。七月,定考试改用策论及四书义、五经义,废除八股文,停止武科乡会试及生童考试。八月,谕将各省所有书院于省城改设大学堂,各府及直隶州改设中学堂,各州县改设小学堂。七月,奕劻、李鸿章与十一国公使订立和约十二款:一、派醇亲王至德表示惋惜之意,并在被害处所建立牌坊一座;二、惩办首祸诸臣,又昭雪被害诸臣,并将滋事地方停止文武考试各五年;三、派那桐至日本表示惋惜之意;四、诸国被污渎及挖掘各坟茔,建立涤垢雪侮之碑;五、禁止军火进口二年;六、偿款四百五十兆两;七、划定使馆专界;八、允将大沽炮台及由北京至海滨有妨交通之各炮台一律削平;九、允诸国留兵驻守由北京至海滨之通道;十、将警戒人民、惩办罪人、停止考试、戒饬官员之上谕依次张贴。十一、修改通商行船条约,并改善北河、黄浦两水路;十二、改总理各国事务衙门为外务部,并变通各国使臣觐见礼节。十月,谕撤去溥儁大阿哥名号,立即出宫。十一月,皇太后与皇上回京。

先生年四十二岁,仍在上海主持《中外日报》事。

是年春初,北京全权大臣方与各国公使磋商和约条款,而俄国忽迳自开出归还东三省约款十二条,交与我国驻使杨儒,随后又移至北京,逼我全权克期画押。第一款云:将满洲全行交还中国,吏治一切照旧。而于兵权财权则隐而不言。

第二款云：留兵一股，至地方平靖为止。则是还地而不撤兵，较之不还地其害更甚。第三款云：如遇变急，留驻之兵全力助中国弹压。阳为示惠于中国，阴实恢张其兵力，中国须听其压迫。第四款云：中国允于路工未竣及开行以前，不设军队，他日设兵，与俄国商定数目；后改云：中国应与俄商定满洲兵数及驻兵地方。如是则中国之军政，须听命于俄国。第五款云：凡将军大员办事不合邦交，经俄声【申】诉，即予革职后；改云：即予调离满洲。如是则吾国守土大员须仰承俄国之意旨。第八款云：连界各处，如满蒙及新疆各处矿路及他项利益，非俄允许，不得让他国或他国人，非俄允许，中国不得自行造路；后改云：中国在满洲全境内，如未与俄先行商明，不允他国或他国人造路开矿及一切利益。如是则东三省之铁路矿，将为俄国所垄断。第十一款云：关于铁路之赔款，可与公司商定，将全数或分出若干，以他项利益作抵。如是则又为异时要索额外利益之张本。

约稿传至上海，有识之士，咸知此约一立，必兆瓜分之祸，立致无穷之后患，然无有起而争之者。先生独与蒋性斋智由召集同志，开会演说，力陈俄人之无理，此约之断不可许，激昂慷慨，闻者动容。既复腾电中外，苦口相争。又于报端畅陈其义，西报亦争相转载。其时江督刘制军、鄂督张制军亦发电力争。英、日诸国亦啧有烦言，俄约遂暂时延搁。

诒年按：同时先生又上书两江刘制军、两湖张制军、两广陶子方制军模请为力争,其全文已刊入书牍辑存内,兹不录。

诒年又按:维时族兄佰唐先生大燮,方以户部郎中总理各国事务衙门章京,供职陕西行在,亦代桂大臣春草奏上陈,于俄人要求各款,痛加驳斥,力陈其不当允许、不必允许之故。当国者即据以电告议约大臣,令与俄使力争云。两先生之所见,盖大致相同也。

光绪二十八年壬寅　西历一千九百〇二年

正月,谕饬裁撤河东河道总督。又谕,饬裁撤詹事府、通政司。

三月,与俄国订立交收东三省条约四款:第一款,为允将东三省各地归还中国,一如俄国未经占据以前;第二款,为中国允极力保护铁路及在路办事各人,并允保护在东三省之俄国各人并各人之事业,俄人即允将在东三省所驻之军,陆续撤退。第一次撤退盛京西南段至辽河所驻各军,并将各铁路交还中国;第二次撤退盛京其余各段及吉林省内外俄军;第三次撤退黑龙江之俄军。第三款,为俄兵未退之际,中国驻兵之数目及其处所,允与俄国兵官筹定兵数,应添应减随时知照俄国。第四款,俄允将前所占据并保护之山海关、营口、新民厅各路交还中国。中国允:一、此路专由中国保护,无庸请他国保护修养,并不可准他国占据俄国所退各地。二、此路修养,必确照俄与英国前所定约及与铁路公司所立合同办理,公司不得占据或藉端经理此路。三、日后在东三省南段续修铁路或修枝路,并在营口建造桥梁,迁移铁路尽头等事,应彼此商办。四、俄交还此路,所有重修及其养路各费,由中国与俄国商酌赔偿。八月,与英国订立通商行船条约。

先生年四十三岁,仍在上海主持《中外日报》事。

光绪二十九年癸卯　西历一千九百○三年

七月,设立商部,置尚书一员、侍郎二员。八月,与美国订立通商行船条约十七款。又与日本订立通商行船条约十三款。两江总督魏光焘奏上海爱国会社提倡革命,已饬拿禁,谕饬沿江沿海各督抚,严密查拿惩办。十二月,以日俄失和开战,颁行局外中立条规。

先生年四十四岁,仍在上海主持《中外日报》事。

三月续娶陈宜人。宜人为溧阳陈介人先生翰女,年逾三十未嫁,有巾帼丈夫之誉。先生闻其名娶焉。某月遂偕陈宜人往日本游历。

五月,上海有《苏报》之狱,既将报馆封闭,又拘获章太炎君炳麟、邹丹凤君容诸人,将解入城中归华官自办,而租界诸领事执保护政治犯之例,坚不允从,遂就英租界会审衙门内设特别法庭,而由江宁奉委来上海拘人之道员某君,遂与被拘之章、邹诸人同受审于英领事及会审委员之前。先生以为辱国丧权,莫此为甚。遂致电枢府,密陈转圜之策略。言此事先误颟顸,继误操切,竟闹成公堂对质,失权受侮,流弊无穷,且恐被告状师,必将百端指斥,不久且腾播全球,为辱已甚。窃谓宜由朝廷托辞宽大,诏予轻减,不复根讯,仅命暂禁租界,庶稍冠冕云云。惜政府未能从也。先生复作书上诸吕镜宇尚书海寰,时方以会议商约事驻上海,申论其事,全文见书牍辑存内,兹不复录。

光绪三十年甲辰　西历一千九百〇四年

五月,裁撤粤海、准安两关监督及江宁织造。十月,与葡萄牙国续定通商条约二十款。十一月,裁撤云南、湖北两巡抚。十二月,裁撤漕运总督改设江淮巡抚。

先生年四十五岁,入京补应朝考,授职内阁中书。

诒年按:先生自光绪二十年后,久已绝意仕进,至是拟设报馆于京师,将以救亡图存之计,效昔贤之强聒不舍,为政府作忠告,又以无因至前,恐被人疑议,故有补应朝考之举。先生前时曾有书致邹沅帆君,略言北行非弟所愿,以漠然不动之大臣,难与言事也。然此等事尚不尽心,何者方应尽心乎!故千回百转,仍有欲去之势云云。此时盖犹此志也。

诒年又按:先生自是年起,时往来北京上海之间,以无大关系,故不琐述。

三月,有德国商人荣华洋行,欲由上海浦东至浙江乍浦海口，再由乍浦至杭州湖墅造一铁路，私与浙江巨绅之子弟立合办之约，具名者为钱锦孙、朱燮、徐文翰、顾浩、袁荣叟、许宝枢诸人，举沈守廉为总理，预备筹款五百万两，中外各半，已在部具呈。然列名诸人皆承袭祖父余荫，并非从事实业之人，安能与德人合资兴办大工。且由湖墅至浦东，一水可达，又无大宗出产需铁路为之转输，德商欲造此无利可牟之铁路，其意何居？先生时在京得张菊生君书，极言其不便，乃言诸在京同乡诸巨公，告诸部中，力陈其不可行，其事始已。

是年，杭州水陆寺住持僧因故弃寺远飏，杭绅方议将寺改为两浙寻常师范学校。寺僧闻讯，遽纠合白衣寺僧松峰、理安寺僧灯裕，潜恳日本本愿寺僧人，将寺外匾额改名为日本释氏学堂。先生以水陆寺为地方公产，今以可废之寺院，改为有用之学堂，若听其托庇于日本本愿寺，在日本既可借教以伸权，将来杭城内外六百余寺屋寺产，必渐为日本所有，而各寺僧徒亦必渐为日本人之教徒。主权既失，交涉更繁，不能不防其渐，因特联合京官，具文呈部，请为照会浙抚，咨明日本领事，杭中寺院，系地方公费建设，不得为日僧占有，藉遏刁风兼弭祸萌云云。

光绪三十一年乙巳　西历一千九百○五年

三月，裁撤江淮巡抚，改设江北提督。四川巴塘番人，戕毙驻藏帮办大臣凤全。六月，假载泽、戴鸿慈、徐世昌、端方分赴东西洋各国考察政治。裁撤广东巡抚。七月,续派绍英出洋考察政治。谕自丙午科为始,乡试一律停止,各省岁科试亦即停止。裁撤奉天府尹兼巡抚事,又裁撤奉天府丞。八月,考察政治大臣乘火车出京,炸弹猝发,载泽、绍英受微伤。九月,设巡警部,置尚书一员,左、右侍郎各一员。派尚其亨、李盛铎前往各国考察政治。十月,设立考察政治馆,谕饬严禁革命排满之说,如有造言惑众,即悬赏密拿,尽法惩治。十一月,设立学部,置尚书一员、侍郎二员。与日本订立新约,承认日俄和约内俄国让与日本关涉中国各事;又订立附约十一款。

先生年四十六岁。是春有美国之倍次忽有承办全浙铁路之创议。在上海一部分之浙人,颇有受其运动为之尽力者。经在日本之留学生及在京在申之官绅合力抵拒,其事始已。旋公同商议,谓浙江商埠繁盛,非急起直追,筹款筑路,不足以保利权。时先生适在京,各京官遂公举先生及沈淇泉卫、张菊生元济、孙霭人问清三君为代表,由先生持公函至上海会同沈、张、孙三君邀集上海诸绅商,聚议多次,公同推举汤蛰仙运使寿潜为浙江铁路总理,刘澄如京卿锦藻为副总理。复由浙省京官具呈商部,请旨允行,是为商办浙江铁路成立之始。

九月,忽有杭人连文澂横散发传单,诬先生与张菊生元济、夏穗卿曾佑、叶浩吾瀚三君借用外款,办理浙路。经先生具呈商部,请电饬苏松太道查究。其后复又呈请催究。略言康年等前于九月间因连横妄出传单,捏词诬蔑,贻害铁路大局,呈请澈究反坐在案。业蒙钧部电致苏松太道查究,讵料连横辗转推托,既不将实在凭据交出,又不肯自认诬捏,致令局外之人,咸不能知曲直所在。惟是连横此等举动,实系有意损害浙江铁路大局,若听其含混,必谓康年等心虚畏惧发露,故不敢呈请传伊至公堂审究,而仅以劝解了事,如此则益得逞其煽惑伎俩,且使全浙之人,咸怀疑阻。不特康年等心迹不能明白,且于招股等事大有妨碍。夫天下之事莫患于是非不明、曲直不分,尤莫患于主持者徒怀苟且调停之见,不肯着实剖晰。使凡事皆堕于昏暗之中,致有理者以诬蔑而不得自白,而无理者转以躲闪而得以自逭。此事关系实非浅鲜,敢恳钧部再电致苏松太道,立传连横即连文澄至道署与元济面质虚实。如果实有凭据,则康年等万不敢逃宪典。倘系虚诬,连横亦不能不任其责云云。旋奉批云:此案如果连横有诬捏情事,实与浙省铁路名誉大有关系,虚实均应切究。除再电催泸道迅即饬传审质外,仰即遵照云云。然其后连横迄避不到案,冀避免诬捏之咎,此事遂未能澈究。

卷四　年谱三

光绪三十二年丙午　西历一千九百〇六年

正月,江西南昌县知县江召棠在天主堂自刎,致激动公愤;二月,法国教堂三处被毁,死教士六人,又误毁英国教堂一处,死教士夫妇二人。三月,宣布教育宗旨为忠君、尊孔、尚公、尚式、尚实五事。四月,裁撤各省学政,改设提学使司。与英国订立藏印正约,并将西藏与英国前订之约列入约后,作为附约。七月,降旨仿行宪政,先从更张官制厘定法律入手。又广兴教育、清厘财政、整顿武备,普设巡警为预备立宪基础。八月,降旨厉行禁烟,限十年以内革除净尽。并令政务处妥议禁吸禁种章程。九月,更定官制;军机处、外务部、吏部均照旧。巡警部改为民政部。户部改为度支部,以财政处、税务处并入。礼部以太常、光禄、鸿胪三寺并入。学部仍旧。兵部改为陆军部,以练兵处、太仆寺并入。其海军部及军咨府未设前,暂归陆军部办理。刑部改为法部。大理寺改为大理院。工部并入商部,改为农工商部。轮船、铁路、电线、邮政应设专司,名为邮传部。理藩院改为理藩部。除外务部堂官员缺照旧外,各部均改设尚书一员、侍郎二员;都察院改为都御史一员,副都御史二员。又增设资政、审计二院。

日本归我营口,订立交收条款。

先生年四十七岁。八月,学部奏派一等咨议官八人,二等咨议官二十五人,先生预焉。兹将名单及照会附列于下:

名单:太常寺卿刘若曾、前内阁学士兼礼部侍郎衔陈宝琛、三品卿衔翰林院修撰张謇、候补四品京堂郑孝胥、四品卿衔汤寿潜、新疆布政使王树枏、湖北按察史梁鼎芬、直隶候补道严复、翰林院侍讲丁仁长、河南道监察御史赵启霖、翰林院编修王同愈、翰林院编修缪荃孙、翰林院编修胡峻、翰林院庶吉士谭廷闿、内阁中书汪康年、分部员外郎陶葆廉、候选郎中蒋黼、吏部主事陈三立、户部主事谷如墉、刑部主事孙诒让、光禄寺署正罗振玉、河南候补道韩国钧、黑龙江候补道宋小濂、湖北候补道钱恂、候补道熊希龄、直隶天津府知府罗正钧、陕西凤翔府知府尹昌龄、湖南候补知府叶景葵、候选知府伍光建、浙江醇安县知县屠寄、前安徽祁门县知县夏曾佑、直隶候补知县张一麐、湖北试用知县胡玉缙。

照会。学部会照会事:总务司案呈。八月十二日本部奏派一等、二等咨议官一折,奉旨:"依议。钦此。"查各省士习民风,所在不同,而学务之得失,利病因之。本部耳目心思,诚有不能周遍者,若欲抉其病根,去其壅塞,咨议官其枢纽也。此次奉派咨议,各官才识久著,其于地方学务情形,尚希据实直陈,毋少容隐。曩者风气未开,办理学堂种种棘手,迁就实多。今科举已停,钦奉明诏,为宪政之预备。薄海喁喁,从风鼓舞,教育之趋向,亦当随之而转移。其从前学章有无窒碍,应如何审察中外情势,变通尽利之处,务望详细条议,以裨损益折衷,谠议忠言,固本部所愿敬闻也。相应恭录谕旨,钞黏原奏,请烦钦遵查照办理。须至照会者。

光绪三十三年丁未　西历一千九百○七年

三月,谕将盛京将军改为东三省总督,兼管东三省将军事务。奉天、吉林、黑龙江各设巡抚一缺。旋谕三省巡抚各加副都统衔。五月,安徽巡抚恩铭被徐锡麟枪毙。七月,改考察政治馆为宪政编查馆。八月,命汪大燮使英,于式枚使德,达寿使日本,均充考察宪政大臣。谕伤设立资政院。九月,谕伤各省速设咨议局。

先生年四十八岁。先生自光绪三十年后,即往来于北京、上海之间,以《中外日报》事委托他人摄理。至是年乃复设京报馆于北京。先生之意,以为报馆与政府距离既近,则见闻自较确实,不致有捕风捉影之弊。而遇有应匡救应警告之事,报纸甫经刊登,易一时即闻于政府,冀可收从谏如流之效,不致有坐失时机之叹。较之设在外省之报纸,虽言之力竭声嘶,而政府仍不闻不见者,其效力实有大小之殊。故毅然有京报馆之设。兹将先生所撰《京报》发刊献言,移录如次:

《京报》发刊之首期，不佞谨弁言其首曰：吾国自古无有以一人之言而得传布于天下者，天子之言尊矣，所播远矣，然犹仅达于各部之长官而止。惟本朝之誊黄，乃克遍于直省人人之目，然犹有官吏之阻格，俺滞弗能究也。至于匹士大夫之意见，欲藉笔札以流布于上下远近，匪惟前无此例，抑亦形势不便也。海通以还，林文忠、魏默深先生时译西书西报以饷海内，于是吾国人始知各国有日报。同治间香港始出《循环日报》，同光之间上海始有《汇报》，已而又有《申报》，顾或开自外人，或吾国人以日报为商业之一种，姑试为之，固无正当之主意也。旨趣既浅，力亦薄弱。甲午大创于日，于时上下颇知自危，报界精神亦由之一振。海上旬报、日报先后出版者十余家，共余则惟广州、杭州、汉口、天津有之，然有力之报，犹多假名于外人，且无敢设于都城之中。庚子联军入京，国家受奇辱，于是日人始设《顺天时报》，已而《北京报》、《京华报》、《中华报》先后成立，其余白话报及汇录各报者，都凡二十余家，或起或仆，不可殚详。顾报章虽多，然于时事多未敢深论论之，或辄致殃咎。士之欲以言救人国如是难也。虽然苟以己身为与国无预则已耳，苟尚自知其身为本国之人也，则死且不可避，奚有于殃咎！

夫今日时局之危，灾患之繁，举国皆用为忧念，而稍有知识者，乃怠逸之是务，祸害之是惧，虽于计为得，如本心何？古语有之曰："堂上不粪，郊草不芸，白刃在前，不救流矢。"处今之时，合同志结团体，力纠政府之过失，以弭目前之祸，犹惧晚也，遑恤其他。然则假发言论之权，以尽己之天职，抑亦无恶于天下欤？若夫以昭昭白日之心，发慷慨激昂之气，言之急，无邻于诡言之平；无近于阿通上下之意。平彼此之情理。所与者必以言助之，虽百訾不馁。理所否者，必以言阻之，虽疆御不避。固将奉以始终，勿致失坠。谨志数语，用审知者。（见光绪三十三年二月十五日《京报》。）

　　读先生之献言，而先生特于辇毂之下，官僚威权极盛之地，设立报馆之深意，昭然若揭矣。其后盖时时于报首阐发此意，至于再至于三，不以为繁也。例如论报馆挂洋牌之不可有云：（上略。）诸君以为吾国今日处若何地位乎？盖累卵不足喻其危，而沸釜不足比其惨矣。吾意政府及社会速警醒、速改革，扫尽旧态，力建新基，犹惧晚也。且东西各国人士戚其国事，争走中央触禁网捐糜而不悔者，几恒河沙数，而吾国志士之于京师，乃疏之甚。吾意政府惕然于是，宜诱使来尽聚京师，共谋所以存吾国者。若吾报之偶发一直言，讦一秽迹，抨一宵人，乃一极细微不足指数之事，而吾若遽引为大惧，皇皇然将托之外人，不独自示畏缩，且适表明政府必无容直言奖气节之美德，又示各省及海外诸同志必不可复至京师。吾虽懦奚敢为是乎。且如是则永与政府相抗相隔，而远于吾所欲为愈远，而上下新旧满汉之间，相离亦益愈甚，吾故毋宁兢憬以俟之也。不然，吾岂不知吾国报馆，进无法律之保护，退无社会之后盾，敌之劲而得援，与我之孤而无助，盖相去万万然，度政府之必不如是而自怯之转以阻人志意也。吾故期期不敢。假使政府不顾一切，而毅然托辞焉以殄灭一报馆，以昭示政府无顾虑祸难之思，无实欲振兴之意，无欲亲天下人士之心，是则自欲斩刈新机，歼划国脉。呜呼！既如是矣，则一报馆之存灭，一人之生命，实可在不足计数之列，则又何必屑屑为此乎。吾故谨书之，以告力能封报馆者。（节录光绪三十三年三月二十八日《京报》。）

　　又如《论朝廷宜激励国民多设报馆于京师》有云：正言至则邪言日远，邪言至则正言亦日远。政府者宜多方罗致，使四方之有怀欲陈者，悉趋而麇聚于京师，而上之于朝廷，使全国人心皆以京师为依归，而朝廷亦得听采之益。孟子所谓"夫苟好善，则人皆将轻千里而来告之以善"是也。（中略。）今使四方之奇人杰士，莫欲至京师而散处于山巅永涯，或远适异国，而各为其所欲为，如是则京师谓之空无人焉可也。不特此也，奇人杰士之踪迹，不向于京师，则必背于京师，踪迹之向背，即心迹向背之符也。语曰："日亲日近，日疏日远，于人有之，于地亦然。"疏远则关系少，关系少则隔碍生，隔碍生则疑虑积，疑虑积则谗慝滋长，怨讟繁兴，一切非意之事，皆由此而起，此必然之效也。（中略。）

今骤而欲使国之雄杰尽萃于辇毂之下，势实有所不及，若以富贵为招，则来者皆志在禄糈，而于国家无与。今士之至都者，不为官，则为学堂教习，否则以考试无他目的也。然则不如纵令静整宏达之士，以报馆之名，使首建论议于都中，而布之四方，使都城与各省互相开引，而妄谬欺蠹之官吏，亦有所惮，而不敢肆。以士招士则士至，以言招言则言亦至。士至言至，则天下之人心皆至，如是则朝廷之势不孤，而国事亦有所倚矣。

今纵观天下未有敢以都城为事者也，而偶有一二人焉，不顾一切而欲以所愤懑发为论议，贡之朝廷。语之切直，未及海内外各报十之一也，其揭发奸弊，未及实际千百之一也。然未及二三月，已上下震怒，诬谤繁兴。倾危之士，方欲以术中而去之，而金壬劾奏，大臣亦辄用此为说，务使躬履正直之士，皆将固缄其口不敢复投足于此。夫人之情，处安乐甚易，履危苦极难，人何为不舍危苦就安乐，虽然窃为吾国之前途伤也。

千金买骨则骏马至，毁卵杀胎则凤皇不集。故有国者必慎其所以招也。今天下方睽离怨疾，而政府乃犹大示恶怒于一二依恋未言之人，使之惊慑骇怖，使观望之徒，益用此为戒。吾不知政府所以为国者果何如也。纵言论释群疑，亲附天下之士，是在今日之政府。（节录光绪三十三年五月十二日《京报》。）

诒年按：先生尝上书于瞿子玖相国，略言近未风气趋变，宜速定报律，令准民间开设报馆，如有不协，皆以报律从事。一面知照各国公使，无论何国人在我国界内办报，皆照律办理。如此则报馆多，多则彼此相角，而是非以辨晰而愈明。又凡欲设日报者，可不必挂洋牌，而忠于国家之论，可日益多。否则麇集于京师者，皆各国之报，皆各国之议论，贻害伊于胡底。此书上于何年，无可稽考，与前数论之意义，大致相同。特附录于此。

又如《闻奉天通报停闭感言》有云：吾今请以数语告奉天官场曰，与其使外人之报陆梁于吾国中也，与其便反对政府之报跋扈于海外也，则无宁使吾国人之报，敢侃侃正言于吾国中之为愈也。（中略。）

诸公亦知今所处何时乎？今所为何事乎？以时局之迫如彼，以事势之难如此，奖励敢言，鼓动民气，为己后援，犹惧晚也。何为必摧折之剿绝之，使吾国人噤缩，而他国人转得大放厥辞乎？

诸公固甚患昌言革命之报猖狂于海外矣，以为近年来，患气之张，实由于此，然何为不速鼓国内之民气，使得以正理自伸，则彼狂怪之论，自无由而入。乃于稍敢言之人，动加疑忌，或思治以罪，如是岂非驱使入于彼党乎？若夫外人设报吾国之大病，度诸公尚未之觉。盖报者全国人之指南，若吾国无足为人信仰之报,而外人乃入而主之,则日浸月灌,吾国之耳目,将尽为外人所移易,其力实甚于火炮百倍。诸公乃纵任之,而于吾国人之报,则频加震怒焉何也?

夫吾国今日之空然觉无人焉者何也?上无名贤硕德以表率朝右,下无端人直士以风厉末俗也。夫国之有士,如山之有虎豹,望而使人畏之,而吾国士气萎靡,无有能发扬志节者。上之人苟知以是为患,而从而扶植之,许各自发其言论,采其可用,而宽其过失,夫亦所以养成士气也。(下略。节录光绪三十三年六月十九日《京报》。)

读以上诸文,而先生尽力报纸之志愿,亦可见一斑矣。

《京报》出版后,先生所著论说,盖日以救亡图存之计,略向政府及国民灌灌而道,其最切实之诸篇如曰《论吾国为无政府之国》、曰《偷安为贫弱之原因》、曰《论吾国今日人心之大病》、曰《书越南人巢南子海外血书后》、曰《日法协约之深意警告政府》、曰《论西报之言警告政府与国民》、曰《论高丽告中国》、曰《再论高丽告中国》、曰《三论高丽告中国》。是数篇者,大声疾呼,冀于中国前途或有万一之挽救,而惜乎其言之不见用也。

《京报》成立未久,即以伉直敢言之故,撄政府要人之怒。盖是时当国者庆王奕劻,以宗亲领袖枢府,握权既久,政以贿成,渎货无厌。光绪三十年御史蒋式惺发其曾以私财一百二十万金存诸汇丰银行,旋派员查办,坐蒋以奏事不实,令回原衙门行走(按:前朝故事,枢府政事决于领班王、大臣,汉大臣中虽有不直其所为者,亦不能事事与争,台谏偶有弹章,亦终获咎而去)。是年,则有段芝贵献歌妓杨翠喜于其子载振之事。而奕劻亦于其生辰收受段芝贵寿礼十万两,段遂得以道员躐署黑龙江巡抚。枢臣中如瞿相国、如林侍郎①,皆力争其不可,而不能得。先生首于报纸发其覆,御史赵启霖旋亦具折纠劾。奕劻自知不容于众论,遂降旨追停段芝贵署抚,又曲从载振之请,开去各项差缺,以掩耳目,而赵卒以污蔑亲贵重臣得革职之严谴。先生迭于报端论其事,一论朱宝奎、段芝贵之罢斥,再论赵启霖之革职,三论载振之开除差缺。言之不足,又长言之。诸宵小遂衔恨刺骨,咸欲泄忿于先生矣。

事机遘会,一日慈禧太后以奕劻病假偶以继任之人询及瞿相国,此语辗转传说为英国《伦敦时报》访员某所闻,遽发电告知时报,即日发表。顾驻京英使,反无所闻,遂探诸外部,且问奕劻所由黜退之故。英使非有所爱于奕劻,特幸其昏庸贪黩足供彼之利用而已。事闻于慈禧,遂又以漏言之故,不慊于瞿相。其时直督袁世凯与奕劻素相比附,世凯之党皆因奕劻以进,得遍布朝列。闻奕劻有被黜之讯大惧,遂斥重金贿言事者,乘隙倾陷瞿相以图自固,其弹章举暗通报

① 林绍年,1906 年 11 月入军机处任职。

馆，授意言官，阴结外援，分布党羽，为瞿相罪。所谓暗通报馆，即指《京报》言，授意言官，即指赵启霖言，阴结外援即指《伦敦时报》言也。疏入，奉旨令孙家鼐、铁良查明具奏。顾又不俟奏覆，即下谕令瞿相开缺回籍。次日奕劻内不自安，复具疏乞休，以掩观听。果降温谕慰留焉。旋孙家鼐、铁良奏遵查各节，请无庸置议，报闻而已。

诒年按：近见《国闻周报》第十四卷第五、六期纪光绪丁未政潮事甚详，足与上文所言互相发明，特为移录如左：

光绪三十三年丁未政潮，亦清季一大事也。庆亲王奕劻，自继荣禄而为军机领袖，直隶总督袁世凯深与结纳为其谋主，于是北洋遥制朝政，其权力之伟，更远过于李鸿章，时瞿鸿禨以才敏受知，且有清望，帝眷亦隆，与奕劻同直枢垣，遇事每有争持，对北洋则时主裁抑。由是奕劻与之积不相能，世凯尤憾之，而清议以奕劻贪庸，世凯跋扈，多右鸿禨，此为丁未政潮之张本。

三十二年丙午，议改官制，世凯奉命参与，欲乘机行责任内阁制，俾奕劻以总理大臣握行政全权。鸿禨知其意，隐沮之，言路亦陈其不便，孝钦采鸿禨之议，仍用军机处制。世凯大失望，益衔鸿禨。

翌年丁未三月，东三省设督抚，以徐世昌为东三省总督，并授为钦差大臣兼管三省将军事务，班居各督之首。奉、吉、黑三巡抚则唐绍仪、朱家宝、段芝贵也。四人之膺简，庆、袁之力，北洋势力愈伸张。而芝贵以直隶候补道骤署黑龙江巡抚，速化尤可惊，舆论为之大哗。初奕劻子贝子衔镇国将军载振，以按事东三省过天津，芝贵购歌妓杨翠喜以献，至是其事哄传焉。新授四川总督岑春煊入觐，道出汉口，突于是时入觐。孝钦念西行护驾之功，温慰备至，留京补邮传部尚书。未到任即面参邮传部左侍郎朱宝奎革职，党于庆、袁者也。并屡为孝钦痛言奕劻贪黩误国，请予罢黜。庆、袁已大震，而御史赵启霖复抗章严劾段芝贵献妓载振，并十万金贿奕劻诸状。命罢芝贵署抚，派醇亲王载沣、大学士孙家鼐按其事。以世凯等巧为弥缝，载沣等亦惧开罪奕劻等，未肯深究。四月，以所参不实入告，奉谕革启霖职（当尚未复奏，御史江春霖亦上章谕列，案结后，又劾王、大臣查案疑窦颇多。都御史陆宝忠、御史赵炳麟均论救启霖）。载振不自安乞罢，遂准其开去御前大臣，领侍卫内大臣、农工商部尚书等缺及一切差使。孝钦盖亦不能无疑于奕劻父子也。

庆、袁以瞿、岑相合，林绍年助之，均为清议所归，非去之不能自全，力谋排去之道。乃由奕劻以独对施其技。是月春煊首外简两广总督（广西人例不补授两广总督，春煊前曾署理，今乃补授此缺，非故事也。）摈出国门。绍年继奉补授度支部右侍郎之命，俾罢枢直（绍年曾署邮传部尚书，系临时性质，此次补授度支侍郎，当解机务，故即奏请开去军机要差）。

鸿禨于孝钦前力请留绍年于军机，以资赞襄。孝钦可之，降谕无庸到度支部任，仍直枢垣。而春煊以粤督之简，大出意外，引疾恳辞。奉谕：岑春煊病尚未痊，朝廷亦甚厪念，惟广东地方紧要，非得威望素著、情形熟悉之人，不足以资镇慑。该督向来办事认真，不辞劳怨、前在该省筹防，一切深合机宜，是以特加简畀，务当迅速赴任，通筹布置，安良除暴，消患未萌。该督世受国恩，当兹时事艰难，自应力图报称，勉副朝廷惓怀南服绥靖岩疆之意，毋得再行固辞云云。始怏怏出京，陛辞时犹以朝政为言。孝钦意亦尚惓惓云。

五月，鸿禨突以翰林院侍读学士恽毓鼎奏劾罢斥。上谕云："恽毓鼎奏参瞿鸿禨暗通报馆，授意言官各节，著交孙家鼐、铁良秉公查明，据实覆奏。钦此。"同日朱谕云："恽毓鼎奏参枢臣，怀私挟诈，请予罢斥一折，据称：协办大学士外务部尚书军机大臣瞿鸿禨暗通报馆，授意言官，阴结外援，分布党羽，余肇康于刑律素未娴习，因案降调未久，与该大臣儿女亲家，托法部保授丞参等语。瞿鸿禨久任枢垣，应如何竭忠报称，频年屡被参劾，朝廷曲予宽容，犹复不知戒慎。所称窃权结党，保守禄位各节，姑免深究。余肇康前在江西按察使任内，因案获咎，为时未久，虽经法部补授丞参，该大臣身任枢臣，并未据实奏陈，显系有心回护，实属徇私溺职。法部左参议余肇康著即行革职，瞿鸿禨著开缺回籍，以示薄惩。钦此。"语意殊牵强支离，盖不过藉毓鼎一参而行其处分耳(孙家鼐等旋奏遵查各节,请毋庸置议报闻)。奕劻之所以施其媒孽者,据闻乃以戊戌旧案动孝钦也。至七月罢春煊两广总督,同日出绍年为河南巡抚,政潮乃告一结束矣。

丁未政潮之经过,大致如上述。近发见世凯是年四月致两江总督端方亲笔秘札一通,为关于此次政潮极可珍之史料。其文如次:

诒年按:袁世凯致端方密札,已用西法摄影铸版附印于后,故不重录。

袁世凯致端方密札[①]

午桥四弟大人阁下:上中两旬间奉读三月廿五日、四月初八日并抄件两次惠函,拜聆种切。大谋此来,有某枢暗许引进,预为布置台谏。大谋发端,群伏响应,大老被困,情形甚险。幸大老平时厚道,颇得多助,得出此内外夹攻之厄。伯轩、菊人甚出力,上怒乃解,而联合防堵,果泉亦有力焉。十六日大老独对,始定议遣出。上先拟遣,次日即发表。公举苏庵本意,大老亦在上前说明,颇以为然,但大谋既去,位置苏公必将又松一步。为

---

① 原书仅附密札影印件,因系行草,今据原文摘抄。密札影印件删去。

苏计，大可趁此北来，在部浮沉数月，明此心迹，为将来大用地步。大谋不肯去，十六日亦曾议及，当有对待之术继之。伊眷渐轻，势大衰，无能为矣，不如不来为愈也。举武进、郑、张，上均不以为然，人得藉口谓其推翻大老，排斥北洋为归政计，因而大中伤，武进供给，亦有人言及，恐从此黄鹤一去矣。兄久有去志，甚愿大谋，或武进来代，但大局攸关，受国厚恩，何敢任其败坏也。育公始颇受疑，此次全开差缺，由于某枢耍弄，现已释然。默揣情形，大老决不能动，同班中或不甚稳耳。人心太险，真可怕也！大老心地厚道，事理明白，阅历深久，声望远著，想推翻之，何人替代？当今实无第二。两宫圣明，必可鉴及；若辈何不自量耶！匆匆此复。敬请台安。祈即付丙。

    如小弟名心顿首四月十九日

   孙道建林已晤谈，极干练，甚佩！甚佩！

诒年按：右密札五页，中多隐语，非个中人不能解阅者。须详阅下文，庶于彼时内外勾结之情状，可以了然。

此札由端方家流出，现藏章行严君士钊所。观此，奕劻以危词耸听，即谓瞿、岑辈谋重翻戊戌旧案，请太后归政颇显然矣。人得藉口云云，盖不啻自道耳。此最为孝钦所惊心动魂者。瞿、岑眷隆，动摇匪易，以归政为说，实排挤之妙诀也。瞿、岑戊戌前皆尝与康有为、梁启超款曲，鸿禨于辛丑间犹力举康、梁，并请解党禁。孝钦虽不怿，而未疑有他，不之罪也。及是，京沪及海外报纸斥奕劻者，与言官所论，若出一口，奕劻辈遂持以耸动孝钦，大抵以瞿、岑外结党人报馆主谋在归政为词，浸润既行，乃借题以发之矣。

札中所云某枢指鸿禨，大谋谓春煊，大老谓奕劻，则隐语也。伯轩为世续，菊人为徐世昌，果泉为诚勋，苏庵为郑孝胥，张盖张謇，宵公谓载振（字育周），武进谓盛宣怀。

春煊四月十七日授两广总督，与札中所叙十六日奕劻独对事正相吻合。（绍年十八日授度支部右侍郎，十九日命毋庸到任，仍直枢垣。）至云“同班中或不甚稳”，盖微示鸿禨将去矣。（世传孝钦曾于鸿禨独对时甚露不满奕劻之意，鸿禨因请解其机务，俾保晚节。孝钦领之。鸿禨门人汪康年闻其事。旋外报载奕劻即将罢直消息，孝钦怒鸿禨泄漏，奕劻诇知，于是鸿禨被参罢斥矣。此说颇盛传也。奕劻于鸿禨罢后，即自请罢直，盖试探之意，虽懿旨慰留，而命载沣入军机以分其势。载沣分较亲，惟庸懦不能与抗衡耳。）

方段芝贵暨奕劻父子之被弹也，道路沸然，多谓奕劻宜出军机，春煊宜代世凯督畿辅。世凯所谓“兄久有去志，甚愿大谋或武进来代”云云，盖得意语，亦痛定思痛之语耳。盛宣怀与世凯交恶，世凯对之亦甚有虞心也。至谓"大老心地厚道，事理明白，声望远著，当今实无第二"云云。则庆、袁交谊深固，奕劻甘为傀儡，世凯利用之，其作此言，自无足怪。赵启霖辈直声震一时，而谓预为布置，"群伏响应"云云，亦见政敌口吻。

春煊入觐时，面恳开四川总督之缺，并微示愿留京之意。孝钦即曰："你的事总好办。"又指德宗而语春煊曰："我常和皇上说，当年若无岑春煊，我母子安有今日！"遂授邮传部尚书，其承眷如是。追动于奕劻之危词，屏而远之，而犹有念旧之意。春煊行至上海，闻鸿禨出政府，意颇迟回，因称疾不遽赴镇，其后决仍莅粤矣，而开缺之谕骤下，盖又被中伤也。庆、袁以春煊虽"眷渐轻，势大衰"，而身膺兼圻重任，岩疆开府，势犹足虑，且东朝对之并未决绝，宜更为斩草除根之计。据闻系遣其党伪为梁启超（一说康有为）与之同在上海时务报馆摄影（或谓即端方承旨所为，一说蔡乃煌），由奕劻呈诸孝钦，以为佐验。孝钦果大恚，遂罢春煊，且谓"彼负我，我不负彼也"。

《国闻周报》又附录林步随此札跋文，可资参证，兹移录于次：

西林①之入都也，面劾庆王贪黩，词甚激切，台官江春霖、赵启霖又先后抗章弹其父子，而汪舍人康年主《京报》讥诋尤力，士论哗然和之，上亦颇为之动。一日庆王以疾乞假，文慎承旨，太后慨然谓奕劻年老，设遂不起，尔试思谁可继其任者。文慎请依故事用近支宗亲，因举醇王，太后颔焉。此事为庆王及袁督所闻。袁、庆素相结，朝士趋炎以图自贵者，京津之间，交午无虚日，闻之大恐。西林掌邮部未履任，即劾罢侍郎朱某，到部以后，又严汰冗滥旗员。赵侍御弹贝子载振，虽获罪而载振卒不敢恋栈。初北洋候补道段芝贵进女伶杨翠喜于载振，秽德彰闻，袁实阴主之，遂得骤简黑龙江巡抚。文慎、文直皆侃侃以为不可，而庆王已纳其赇，悍然不顾也。讵意卒为台垣所论劾而罢，若辈既自危，追求其故，以西林素为文慎所厚，汉大臣中两公皆得太后旨，非两公联翩去位，若

① 林步随跋文于"西林之入都也"之前，尚有一段重要文字，本书略而未录，现据《国闻周报》第十四卷第六期补录如下："光绪壬寅以后，两宫岁常以春夏园居。三十三年丁未，西林入都授邮传部尚书，余时方以词曹兼部属。一日西林幕客高君啸林走告曰：'闻昨日召见军机之后，庆王单起，此事何也？故事，枢廷独对，必有非常处，君常在瞿相邸中，宁有所闻邪？'余愕然无以对。高君谓：'此事关系至巨，宜急往淀园面叩其详。'余诺之。次晨驰往，文慎（瞿鸿禨卒谥文慎——编者）方退食。余如高言以叩。文慎喟然曰：'为赞帅耳！'（林绍年字赞虞，时任军机大臣，卒谥文直一编者）。盖林文直在枢廷以方鲠取厌同列非一日，上意亦不悦，庆王独对，即为承旨摈文直出军机也。旨下，授文直度支部右侍郎。故事，军机大臣本秩已跻二品，出授卿贰，显为左降，大骇听闻。文直以边省巡抚骤入政地，实文慎左右之。及是，文慎为之力请，乃收回退出军机之命，更降旨不必到部，不知者以为文直危而获安，为文慎得君未替之证，而不知非也。"

辈不能安枕。又以江侍御、汪舍人为文慎门人，赵侍御为邑子，疑弹章必文慎授意，于是密为倾陷之谋，以事报复。首以文慎与西林意在复翻戊戌前案，排去北洋，谋归政为词，其词危耸，且依约附会，颇有迹象，最足中太后之忌。文慎尝自恃得君密，请赦还康、梁，至于再三，积前后事，遂颇有疏疑之意矣。是日庆王之独对，盖即密陈此说，先去西林，使复督粤。文慎忠而忘危，竟未之觉也。事后朝士始知之。今观袁与端手札中，果有大老独对，遣出西林及"某枢不稳"之言，并所进"排斥北洋"谋归政之说亦具在焉，不啻俯首自承。此事本出密谋，外间虽能揣知其情，初无佐验，及见此函和盘托出，遂成千古信谳矣。

说者多云汪舍人泄漏文慎奏对之语以致祸，其实当丁未春夏之交，庆王眷已稍衰，观西林之留京，载振之开缺，朝士已微知之，无待于泄漏。此盖若辈中伤之计已售，特假某词臣一疏，撼暗通报馆一事，以为发难之端耳。文慎忠谨素著，得君最专，岂有倚信七年之久，忽因漏一言而获罪。况文慎之与庆王不协，上意亦非不知之耶。某词臣此疏出侍郎杨某手笔，先欲贿台臣上之，皆惮清议无应者，继重赂某，始得上焉。其事宣传，辇毂士庶无不知者。文慎罢相山都之日，由部备专车，朝士赴车站送行者甚众，而杨某亦与焉。趋跄之际，忽悚然却行数武，见者愕然称异云。

袁督初求媚于文慎，无所不至，尝自言当修门生之敬。

文慎拒之。继又请为昆弟交,亦不纳。是时京师权贵家有婚丧,辄由北洋公所委员供应帐饮之费,已成事例。乙巳文慎为次子授室,援例以请复进贺仪八百金,皆谢却之。袁既绝意于结纳,不得不谋排挤矣。

丙午议改官制,袁入京主张最多,全案几皆其一手起草。文慎与司核定,隐操可否之权。袁亦知之,曾密请先示意旨。文慎阳为推让,袁不疑也。及奏上,竟用文慎言,不用内阁总理制,而令军机大臣不兼部务,于是鹿传霖、荣庆、铁良、徐世昌一日并罢。文慎与庆王独留,袁大惊愕失所望,而朝列亦自此多侧目,不及一年,遂不克安其位矣。文慎与袁龃龉,一在北洋创办印花税,一在北洋新兵归陆军部直辖,而官制亦其一,皆意在削袁之权也。七年之中,虽未尝大行其志,而献替实多,《清史稿》本传云:"持躬清刻,以儒臣骤登政地,锐于任事。"颇得其实也。

诒年按:先生设《京报》于京师,意以为害马不去,则良政治不得而建立,故对于奕劻搏击最力,固谓巨憝既去,而依之以为奥援者,将无所恃以藏身,庶几朝列清明,时局犹有可为也。不意后来适得其反,奕劻之禄位,既自此愈固,无人敢与为敌。袁世凯之势力,亦自此愈咨横,大有举天下莫余毒之意。时事固已无可言,而先生之希望亦遂无丝毫之存在矣。此事关系至巨,故特详叙其始末,并援引《国闻周报》所载以为佐证。

是时有识之士，咸为《京报》危，且为先生惧。然先生初不为所慑，时则奕劻诸人，方嗾使其所谓机关报者，颠倒是非，大肆其邪说，以与先生为难。其言曰：政界诸公，馈仪物赠婢妾，不过个人交际之常，何为纷纷论说，攻讦个人之私事，至再至三而不惮烦也。先生则作论以斥之曰：报施者个人交际之常，然即以个人而对于社会，亦有报施之道。政界诸公，乃以己之禄位，为在上者之私以施己，即不得不私以报在上者，利其私以报也。于是不问其职守之尽不尽，而惟较其所报之厚不厚。在下者既识其用意之所在，于是先图报而后望施，使其所施之从而加厚，遂致国家之禄位成为报施之品物，社会公共之政府，成为个人交际之私界矣。夫人未有不好利者也，一人倡之而所获甚厚，则必有十百千万人焉，以则效之，且必后胜于前，以博上之所欢，此优于彼以投上之所好，千方百计以搜罗之，乘间投隙以献纳之。金银也，珍宝也，均可以仪物概之；美妓也，女伶也，均可以婢妾概之。而所费之资，亦层递而加增。始则一献纳仅数千百金焉，已而数十万金矣。然试问此馈赠之资，从何而出乎？则曰举债。从何而偿乎？则曰得官。得官之后，应得之禄入必不足以取偿也，则惟有亏蚀国家之帑项，敲吸小民之脂膏耳。且近更有举及外债者矣，外债之取偿，必许以特别之权利，是直卖国耳，则其贻祸于社会岂浅鲜哉！即曰或有斥己财以为此者，然投本必计利，吾决其效果必与举债者等。

至就收受者一方面言之，似专系个人之私事矣。然既收受之，则始也不能问其能胜职守与否，继也不得问其能尽职守与否，终也明知其放弃职守甚至贪赃罔法，亦必设法包庇，以留彼我余地。是馈赠者之贻祸于社会，皆收受者之有以纵之焉。且即谓无损于社会，而就个人私德言之，则政界诸公，亦不得有馈赠收受之行为焉。夫既投身政界，则皆有执行政法以治人之权者也。治人者必先自治，治人而不自治，不但无以服受治者之心，且恐其识力瞀乱，倒行逆施，而有所不顾。故非政界人而有私德之失，则实为个人之关系。报章可不必干涉政界诸公，而有私德之失，则已为社会之关系，报章万不能不为纠正。以其与社会有间接之利害，不得混合者，然亦不能割分焉。按之法律有个人得为之事，而为政界诸公所不得为者，职是故耳。既就自由而论，个人未入社会，则可为适意之自由，既入社会，即当为守法之自由。守法之自由，而可以国家禄位为人己报施，竟与与受同科之定律显相违背也哉。矧政界诸公既有执行政法之权，必先有辨明法律之识，知法犯法，律有明训，故一有馈赠收受之事，台谏必具折揭参，朝廷必委人查办，而犯法者必运动查办之人，为之弥缝掩覆。如子所言，则竟可恝置而不问，直认而不辞焉。用此纷纷，为乃必使报章于此绝口不道，方称为完美，则报德何在？报识何在？监督政府者何在？谋社会公益者何在？鄙人不敏，所不敢知已。（下略。节录光绪三十三年五月初五日

《京报》。）

又论政界之趋势，谓社会当舍私意持公论，其言曰：（上略。）今之屑屑焉謷謷相告以政界风潮为言者，其果出之何意乎？为其所党耶？悯其见败耶？为一己地位之变动耶？为政界运动之易方耶？吾甚叹吾国人对此往往舍是非得失之正，而本于一己之好恶，或由于一人之利害，断言之曰，非为己之私，即为人之私耳。夫既已私矣，则必造作种种言说，以簧鼓上下之人心，使朝廷之赏罚，社会之毁誉，皆失其正而后快。于厥心慷慨直陈者，可谓之密承意旨；立身为国者，可谓之自谋优地。甚至不斥宵小之乘机窃位，而反斥据实纠劾者为紊乱国是；不斥奸蠹之坏法乱制，而反指举直措枉者为用舍靡定。不特形之口舌也，且有报章为发表焉。欺朝廷欺社会，而社会于此亦大率吠影吠声，各于其党，各从所好，于是一事而论者且二三其说焉。呜呼！如是而欲定立宪之基础得乎！

吾故谓政界趋势之所定，关于朝廷者半，关于社会者亦半。吾甚愿继自今吾社会中有志于是者，先舍其利害之私，继舍其意见之私，终则舍其好恶之私，而一切朋友情谊之私，皆不与焉。宗旨正矣，则博其听采，精其审察，公其评判，然后虑其方法，立宪之基础，其在是乎。往者已矣，吾不能不冀夫来者。（节录光绪三十三年五月初十日《京报》。）

又作论以直斥某报曰：（上略。）报者监督政府者也，监督社会者也。其立志至尊，其处地至崇，其握权至高，其力之所至，至普遍迅疾。虽然报馆则独可无监督乎？报馆而无监督，则凡奸慝金壬，皆得借以济其所欲，将以其倾邪不正之言，诬惑社会，簧鼓人心。不特此也，又将借社会之力，以成己之所志，而去己之所忌，则报之为物，乃反以祸人家国矣。

国家何谓治、何谓乱？君子道长，小人道消，是之谓治。小人道长，君子道消，是之谓乱。有道之时，是非明，公私辨，人无回曲，直道常存，邪枉之言不足以惑众，不敢肆然出诸口，不敢宣诸大庭；有敢于冒不韪者，将为社会所排斥，不得齿于士君子之列。无道之时则反，是其最甚者，莠言敢公然布于众，而一时所谓正直人者，反切切私语于室中，其区别乃判断若是。

今日之事，亦可戚之甚矣。处监督政府监督社会之重任，辄明目张胆敢为回邪之说，指鹿为马，反黑为白，以大乱万众之听闻，方且磨牙砺爪，鸣其得意。魑魅现白日，而豺虎号通衢，务使人心划除是非二字然后快。盖其阴有所倚，而亦揣无人敢为反对，故如是也。

呜呼！累然孤立于群枉之中，而欲厉其百折不回之气，矢其至死不变之心，使是非正而公私辨，以徐伸其作民气、振民心、定民志之大愿。其何以自存立乎？呜呼！是在不死之人心，是在长伸之士气。（节录光绪三十三年五月十一日《京报》。）

右文数篇陆续发表后，仇视《京报》者乃愈甚，必欲倾覆之而后快。先生亦知其然，故有"上下震怒，诬谤繁兴，倾危之士，方欲以术中而去之，而金壬劾奏大臣，亦辄用此为说"之语，然终不以是自馁，发言侃直如故。七月十七日，外城巡警总厅忽以一纸公文勒令停闭，文中亦不言其理由，但言"奉民政部谕，《京报》馆著于本月十八日起停止出版"云云。于是，《京报》遂告终矣。海内志士咸为悼叹。梁星海君时在湖北，作书唁先生有"发指皆裂，心伤涕零"之语。则当日正人之重视此报，盖可知也。

先生是时于中外戕法营利诸人，亦列举其非，抨击不少宽。今可考见者如曰《论粤督限制报馆》、如曰《论驻使固请仍用旧制之非》、如曰《论札派黄开文为东三省森林总办事》、如曰《敬问东三省借外债四千万之理由》。是数篇者，皆足使被论诸巨公切齿腐心不已。或有以恶直丑正实繁有徒为先生讽者，先生悉不之顾。此亦《京报》早被倾覆不能持久之一端也。

是年五月，皖抚恩铭被人刺死。先生盖甚不以为然，作论以非之。其文如次："取不适之事，不深虑其难，贸然此劝彼勉，以为有如是之事，则国顿兴，否则亡。呜乎！是何所见而遽操如是之论欤。吾国政府暗于时势，钝于机宜，拙于应付，吾民之起争之，争之不得，而固争之，宜也。若夫出于暴动，成于流血，甘为戎首，而使乱机由是而发，祸患由是而滋，且也无有要求之目的,无有仇杀之主名。若曰是有权者,是有责者吾杀之,则足以震动全局,且以成己之名。是其所为有如欧洲无政府党者,徒乱秩序扰治安,是在欧洲且不可,而吾国少年欣欣然慕之。前日遂演此惨剧于皖省。呜乎!吾国在位之人,方病疲软畏葸,矜而导之,强而就之,犹可也。急言怖之,则反而却走,深闭固拒,而不敢复与天下有志之士通问讯。则必愈隔绝愈废弛,愈衰颓,而国事愈无可希冀。自戊戌以来,朝廷之于国民,方近而遽远,欲前而忽却者屡矣。而考其故,则大率由新党急于自用,不肯稍忍须臾,引之过甚,而遂至相绝。呜呼!吾国所处之地至危,而可如是欤!(中略。)且如是,则上下愈相疑,疑则上下不敢用。度外之人,行度外之事,采度外之策,必至人才无一登用,新政无一举行,上下坐以待亡,而莫或拯之也。呜呼!是岂为之者所及料欤!是不明于中外异情,彼此异宜,而贸然为之,以召祸于当时,遗憾于后世,如是亦何为欤!(节录光绪三十三年五月二十九日《京报》。)

先生自始即提倡游学日本之说,其论政治亦时时以效法日本为言。盖以为日本相去较近,本为同文之国,往彼就学,自属便利。且日本以变法而自强,尤为吾国所宜取法也。故时咸以先生为亲日派。然先生于中日之交涉,凡有损于中国者,必随事指摘,不稍宽假。如曰《论日本要求在奉吉内地杂居之误》、如曰《日本公使复外务部言抚顺煤矿事驳议》、如曰

《论日本僧人至中国传教之非》,固于中日交涉甚有关系之文字也。

诒年按:《京报》创始于是年二月十五日,迄于七月十八日,始终仅五阅月,然先生于此报用力至劬,且影响亦至巨。故特为详记之。

光绪三十四年戊申　西历一千九百○八年

七月,谕饬查禁政闻社,拿办社员。八月,宪政编查馆、资政院奏呈宪法大纲。又奏呈议院未开前,逐年筹备事宜清单。十月,帝崩,慈禧太后崩。授醇亲王载沣为摄政王,以醇亲王之子溥仪为嗣皇帝。十二月,袁世凯开缺回籍。

先生年四十九岁,在上海主持《中外日报》事。是年夏,江苏新兵有在昆山夏驾桥捉赌枪毙平民之事。事后地方绅士二三十人具呈为新兵辨诬,中有前山东沂州府知府丁立钧。然先生固与丁君相识稔,知其逝世已久,遂于报端发其覆。未几有电致报馆谓,为丁之兄立鋆之误,然人名容可误书,顾以逝者之头衔,加诸生人,则实为旷古奇闻。未几而丁立鋆有亲笔信致报馆,则谓乡居多年,从不闻外事。新兵捉赌事固不知,夏驾桥在何处亦不知,更无列名公呈迭发电报之举云。先生更于报端发其覆,以为丁君之名,既出于假托,则他人之名,能否免于假托,殆不言可知。而新军之枪毙平民,应否予以辨护亦不言可知。而主持新军者遂怒矣。至六月，有某君以论稿投报馆，题为《金陵十日记》，极言南京军政警政之腐败。某君固先生所素稔，其文亦剀切动人，先生遂援"言者无罪，闻者足戒"之例，为之刊于报端。于是南京军界、警界咸大怒，遂激怒江督端午桥制军方，电致苏松太道蔡伯浩观察乃煌，盛气诘责。蔡君与先生本旧交，且于报馆亦向有股份，至是乃以股东及行政长官之资格，手具一稿，属曾敬贻君交与先生，属为照式缮写。其稿约分三款：一、承认前所登之论说实系错误；二、此后报中不得有讥评南北洋之论说；三、报中记事如有损及南北洋之处，须先将稿交彼阅看。先生坚不允，曰此腕可断，此稿不能照缮也。纷纭许久，蔡乃属曾君向先生声言，欲即饬租界会审委员，将报馆发封，并以已用印之公文相示。继又言，欲先生将报馆让出，交彼派人办理。先生不得已，遂于七月中旬将报馆让出，于是竭群策群力辛苦支持几及十年之报馆，遂于此终了矣。蔡自攫得报馆后，接办者非其人，成一非官非商之报，销数遂一落千丈，敷衍三年，至辛亥年终遂停版。

宣统元年己酉　西历一千九百〇九年

二月，降谕明白宣示，一定实行预备立宪、维新图治之宗旨。闰二月，特设各省清理财政监理官。三月，谕将庚子年被罪之立山、徐用仪、许景澄、联元、袁昶予谥。五月，开复翁同龢原官。降谕皇帝自为统率海陆军大元帅，未亲政前，由摄政王代理。七月，与日本订立吉长铁路借款合同，又订立安奉铁路合同，又订立东三省五案条款。颐和园八品苑副永麟绝粒自尽，预缮遗疏上摄政王。九月，各省咨议局开幕。日本伊藤博文在哈尔滨被韩人刺死。十一月，设督办盐政大臣街，其产盐省分，各督抚均授为会办盐政大臣，行盐省分，各督抚均兼会办盐政大臣街。十二月，各省咨议局议员，呈请速开国会。奉谕不准。

先生年五十岁，某月与湖北王侃叔君慕陶合力创设海外通讯社。先生在京主其事，其欧洲方面之事，则王君主之（时在比国使署）。

诒年按：吾国自海通后，从无向各国宣传之举，亦不知有所谓宣传，与各国报馆并鲜有联络。故各国报纸所载中国之事，非得诸教士之通函，即采自各类人之报告，于吾国例多丑辞。一旦有事发生，无论大小，他人之腾布于各国者，若宣告、若电讯，率皆直彼而曲我，是彼而非我，而我乃无所凭藉以宣布其实在情形。是他人有喉舌，而我无喉舌也。事实上之失败，固不待言，即欲得舆论之扶助，亦不可得。先生深悉其症结，谓当力挽其弊。王君亦甚表同情。于是有海外通讯社之设，凡朝中政治、国际交涉之应向国外宣布及申说者，率由先生具稿，寄与王君。最重者即发电相告。王君得讯，即转达各国报社，亦深得各报社之重视，争相登载，暗中获益，实非浅鲜。兹将先生致各督抚之公函，照录于下，藉可知此事之原委。

　　窃维各国办理外交，所以能应变不穷鲜有败事者，非特其见识之远，制裁之精，布置之密也，于各种方面，尤必布设机关，既以考察各国之趋向，亦使本国与他国交涉之事，先以其事实宣之于各国，使各国瞭然于两国是非曲直之所在。如此，则万一事有变动，于各国剖断上，犹可占一胜眷，而我亦有执以辨白之根据。其法或托之本国之报，或托之他国著名之报，要以能使多人信服为主。我国初未计及于此，故遇交涉之事，各国无有知其真相者，或反据反对者之报告以为评论。于是有我直而人以为曲，我是而人以为非。即各国报章，载我国政务，大率道听途说，甚且肆意诬蔑。今年有比国使馆随员王君慕陶，创设通信社于比京。通信社者亦欧洲报馆之一类，而实握各报之枢机，大率社中不自出报，而专探重要消息，售之于各报，既得信用，则各报即据以登载。吾国于欧洲无发布消息之地，各报馆遇有疑难之事，亦苦于无从研究。故王君此事大为报界所欢迎，开办不久，即已风行。俄、美两国之大报馆，且逐日据以发电。前者□□①路事起，初时□□人撰一论，以英、法、德等文译登于各国报章。各国人专看一面之词，谓我国不依条约。□□

----

①　原文如此，下同。

不得已用强横手段，咸直□而曲我。逮王君得此事实情，复撰一文辨正，令社中所延英、法、德各主笔译成各国文字，送之各报。各报纷纷登载，而舆论始有知□之恃强无理者，各报著论訾议□□①者亦复不少。（中略。）此社专为外交而设，从前各省有事，各国报章往往以不得其详之故。不能先行登报，致反为他人所先，甚至曲直倒置。兹特托某常驻北京办理通信之事，如贵省遇有交涉事件，敢请于事起时，即饬所司，将实在情形函告敝处，即当随时转达比京本社。至如何交涉，如何结束，亦乞逐节详示，俾不至失真。倘遇重要之件，函寄万恐不及，即请发电详示敝处，亦可即日电达比京，庶得占先登报。此系为便利交涉起见，特行函告，敢望察酌施行，至为祷盼。

附录王君说帖……②

兹又将王君迭次致先生书，摘录数通如左，藉可略见办理之一斑。

宣统元年　月　日来书（二年二月二十九日到）：远东通讯社现重新组织，刻已就绪，局势较前略为扩张，交通亦更灵

---

① 原文如此。
② 《说帖》略。

活。陶于俄则离日，交于英则说以利益，于德则诱其野心，于美则激以荣誉，皆分道设法。有效与否虽不敢定，然于日本在欧之外交，必有所牵制，亦未始无涓埃之助。此次西藏事，外部有电来，通讯社为发表，舆论甚赞许中国，尤以派兵一节，为外交上之胜利。

宣统二年二月十八日来书：日来因西藏事，函电甚忙，舆论上大得助力。开平矿事，当择要宣布。

同年西历五月十一日来书：远东社极发达，信用亦日见坚固，现方拟创办一法文杂志，当愈增言论之势力。此时譬之有外交而无甲兵，终不痛快也。英王薨后，英政治更动摇，爱尔兰党势力最大，可以左右两党之间，彼党最反对日英同盟者也。远东社交通爱尔兰党之报最多，此次可以利用矣。法人现发起一最大日报，每日出十六版，当为全欧第一大报，其中有一版专记远东事。陶欲与之联合，而以远东社记者握其记事权，将来可望为完全之机关也。

同年西历五月十一日致熊秉三书：远东社在欧方大发达，势力倍张，欧美各报登载中国事件，几十倍于前。最近西藏问题、粤汉借款问题、锦瑷借款问题、东三省日俄问题、湖南饥民问题，颇收舆论之助。

同年　月　日来书（七月初十日到）：前日英《巴黎时报》访函，毁诋中国太甚，屡次与之辩论，卒得其著论谢过，然其语外仍含微讽，此吾本有可议，讳之不能也。《巴黎时报》在欧陆之声阶,实重于《太晤士》,得其篇首之论文,至不容易。此次得其标题,势力大增,转辗抄传,遍于欧陆。

同年西历七月二十四日来书:今岁万国杂志公会开于比都,各国皆有代表到会。陶因法文杂志及通讯社关系,本为其中会员,后复蒙派为国家代表,到会后,会长提议请组织一中国新闻常会,以便接洽。陶即以通讯社各友及法文杂志各主笔组成,而以兄及朱季贞、黄远庸、陈冷血四人介绍入会。此会成立后,可以与万国记者接洽。欧美大国无论矣,如土耳其、波斯以及南美各小国,均有人到会。此会分杂志记者与日报记者二部,今日为杂志记者集议,下星期则日报记者集议也。

附录熊秉三君致先生书:远东通讯社事,王侃叔曾以相托,弟以彼之机关太少,难望敏活,乃函请四川、广东、湖北、吉林、黑龙江。浙江各省督抚资助,得复函已允每年津贴。款项既有所恃,乃设上海、奉天等处通讯社,以与欧洲相接。闻北京系我公办理通信社事,未悉经费果有若干,如其不足,弟可拨助。乞将尊处情况,迅速见示,并拟一预算经费,以便设法拨济。此后各处通讯社统一章程,尚望拟一详章。上海业经派员承办,奉天亦在议设。兹将草拟简章呈阅。弟事太忙,无暇及此,所以求我公等切实筹画,弟力所能及,无不效劳也。

诒年又按：海外通信社之组织，始于何时，无可稽考。观王君宣统元年　月　日来书，有"远东通信社现重新组织"之语，当创始于宣元以前矣。大约至三年，因经费无着，遂即停办。

卷五　年谱四

宣统二年庚戌　西历一千九百十年

正月，西藏达赖喇嘛乘夜出奔，降谕革去喇嘛名号。广东新军肇事，与官兵大战，枪毙百余人，阵亡十余人，余众悉解散。二日，汪兆铭谋害摄政王未成被获。三月，湖南省城饥民滋事，焚毁巡抚衙门及教堂、学堂。五月，各省咨议局再请速开国会，降谕不准。七日，浙江铁路总理汤寿潜奉谕革职，不准干预路事。八月，韩国并于日本，改号朝鲜，韩亡。九月，资政院第一次开院。十月，因各省督抚电请速颁宪法，组织内阁，开设议院。又各省咨议局均呈请速开国会，特降旨改于宣统五年实行开设议院。谕饬京外解散请开国会之代表。十一日设立海军部，置大臣、副大臣各一员；裁撤陆军部尚书、侍郎，改设大臣、副大臣各一员。十二月，英国派兵进占云南片马。

先生年五十一岁。十月设《刍言报》于京师，是报月出六纸，撰著编辑校对发行皆一人任之。时先生患膈疾已久，或劝其勿自苦，先生笑谢之曰：吾即以是为疗疾之药耳。兹将是报第一期之小引，附录如次，藉可知先生创刊是报之深意。

闭户养疴，眴历年岁，耳目所触，时复刺心。欲吐之耶，于事何敢；欲嘿之耶，于心何忍。姑藉小纸，抒我寸衷，名曰刍言，义同献曝，深愧析薪之无力，差异衔碑之不语，若夫知我罪我，吾宁恤焉。

例言一、本报义取询于刍荛之意，名曰《刍言报》。一、本报以评论及记载旧闻，供人研究为主，不以登载新闻为职志。一、本报间亦将前数日各报所登最重要及最刺心目之事，摘要登载，以资警告。其新闻情节为各报漏登者，间为补入。一、本报每期报纸分为八小叶，又分为内编、外编。内编之目，有咨告、针诘、评论、辨说、记载，研究，皆关涉时事者也；外编之目，有调查、杂录、事案、文件、掌故、杂考证，则或不尽关时事矣，破碎支离，大雅谅诸。一、本报不登告白，然如有人以家刻私刻书籍，无论旧书及新编译之本，又无论丛书单行及刻板、石印、排印，并不论卖品、非卖品，均可送登告白；惟官局商家所印，则不在此列。一、我国固有及新出之天然品、制造品，各省陈列，略见一斑，惟各处苦未尽知。兹本报定一例，如有以物品及价值函请登报者，即当送登告白，不取分文，惟物以合销为贵，价以实在为贵，至望鉴及为荷。

以上两条所载，如将来汇订成书时，仍编于后，以广流传。一、本报因近来各报立论，或有失之偏宕之处，亦有但言此一面而未言彼一面者，又有因外交及种种因由，当时未便揭载，日后亦未及补正者，然各地研究之人，或因而有误会，甚至滞于闻见,而智识不能增长,心思不能圆活,殊于实际有害,故时因管见所及,随事说明,或并为纠正。窃不自揆,敢附争友之列,阅者谅之。一、阅报诸君,如有时论或以平日有关政治社会之事见贻,则敝报极所盼望。盖敝报虽期疏而纸小,然将来必将逐期所出之报汇订而为书,故记载颇有关系也。一、本报为事既简,需费无多,故并无筹款之事,亦决不以报之名义与人通函,特为声明。一、世界之事变无穷,一人之精力有限,议论既难免舛误,记载尤不无失实,大雅君子,匡所不逮,则幸甚矣。

诒年按:先生发行《刍言报》,其眼光至为远大,其言论初不为一时而发,而于朝野上下各方面,则固有深切之警觉与纠正。彼时清廷秕政,若不恤人言造成皇族内阁也,若政以贿成公然以官为市也,若大借外债不顾其后也,先生固已随事指摘,不稍隐讳矣。彼时士大夫又有一种流行之风气,对于外人率主张用强硬政策也;又由于至深且久之习惯,不尚气节,不重廉耻也;又有如学生不受管束也,军队不服从纪律也。先生尤讼言攻之,不遗余力。至若关于民德之问题,关于民生之问题,则尤至再至三,反复讨论,实为立国根本所关,千古不磨之文字矣。上列诸论,已编入遗著中,顾流传犹未广,拟更撷其精粹,勒为一编,公诸当世,垂诸永久焉。

诒年又按:当时章一山君褆致书先生云:

现今一班舆论，系随报纸为转移，京朝大老，又以报料为经济。自贵报初出，而所闻议论中有平正通达按切时势者，察其根据所在，皆出贵报。故望贵报多销一分，则我国多一分公论，亦挽回世变之要也。又严又陵君书云：《刍言报》出，读其议论，如渴得水，如痒得搔，果社会尚有一隙之明，得贤者苦口药言，略以挽颓波制狂吠，则真四万万黄人之福耳。（中略。）逮观足下言论，则朝阳鸣凤，出诸羸病之夫，毅然与怒潮恶风相抵拒，又心平气闲犁然意尽，故不觉面发作而首至地耳。

又林万里[1]君书云：近今言论界，较之从前，只见其退化，既不能造健全之舆论，反随不健全舆论之后，相与附和雷同。只思博人欢迎，推己销路，而是非之真，从未顾及。报馆记者既无经验之可言，又无学识之足录，其迎合社会心理，揣摩社会风气，无往而不用其滑，以此而言办报，诚至可哀矣。大报独辟蹊径，为全国报界之明灯，时对同业下其棒喝。下走尝谓世界有专制之政体，则有卢骚、孟德斯鸠以倒之；世界有积非成是专制之舆论，独无卢骚。孟德斯鸠以倒之？今大报可谓报界之卢、孟矣。（下略。）

观以上三书，则《刍言报》之价值，略可知矣。

---

[1]　林万里即林白水。

宣统三年辛亥　西历一千九百十一年

三月,署广州将军孚琦被革党枪毙。广州革党轰击督署,死者数十人,总督张鸣岐避免。四月,颁布内阁官制。宣布干路国有政策,谕饬度支、邮传两部筹拟收回商办干路办法。以端方充督办粤汉、川汉铁路大臣。订立粤汉、川汉两路四国银行借款合同。五月,湖南反抗干路国有政策,并声明湘路力能自办,不甘借债。降旨不准。四川亦反抗干路国有政策,请暂缓接收。严旨不准。咨议局联合会力陈亲贵不宜充内阁总理。置不省。六月,直隶咨议局复力申前议,请另行组织内阁。降旨:黜陟百司,系君上大权,议员不得干预。闰六月,广东水师提督李准被革党枪伤。七月,川民续开保路大会,川督诱拘咨议局局长蒲殿俊多人,将杀之以示儆。川民万余人赴督署请求释放,被轰毙数十人,川省本城及邻县民团数万人围聚城外,电饬川督赵尔丰分别剿办,并严饬新旧各军及时扑灭。又饬端方带队入川,务须申明纪律,并即沿途晓示居民。起用岑春煊前往四川会同办理剿抚事宜。八月,湖北革命军起事,推黎元洪为都督。起用袁世凯为湖广总督,以岑春煊为四川总督。九月,广州将军凤山被革党轰毙。资政院劾奏邮传部大臣盛宣怀违法侵权,激生变乱。降旨盛宣怀革职,永不叙用。以袁世凯为钦差大臣,节制各路军队。下诏罪己,取消内阁暂行章程,俟简贤得人,即命组织完全内阁,不再以亲贵充国务大臣。谕开党禁。自戊戌以来因政变获咎及犯政治革命嫌疑者,悉赦其既往。准内阁总协理大臣奕劻等辞职。以袁世凯为内阁总理大臣。颁布宪法信条,择期宣誓。袁世凯内阁成立,推举各部大臣。十月,署川督端方行至资州,为军士所杀。监国摄政王辞职。以袁世凯为全权大臣,派代表南下,与民军代表在上海开议和局。十一月,谕克期召集临时国会,公决政体。民军选举孙文为临时大总统。

先生年五十二岁。是年清廷有更改中外官制,设立责任内阁之举,先生亦甚注意其事,故《刍言报》中言之不已,又再三言之,至于今日,尚可见此举之甚有关系也。特为择录数则如次:

凡变法必须具决撒手段,方可有成,若敷衍此,又周旋彼,虽万年不能变矣。今欲立责任内阁,而三人骈然并列。欲以内阁总统各部,而各部仍欲直接奏事。欲使各省直隶内阁,而各督抚不欲失向来之威权。清理财政,则但能略减成数,而冗费冗员不肯用辣手淘汰。如比为之,亦何贵变法欤?(见宣统三年四月初一日《刍言报》。)

今年吾国最重要之事,其在改定官制欤?此事范围至大,内密至复杂,非一时所能尽。惟最要者,则在中央集权及各省分治之说也。太偏于中央集权,则势必不能举,且各省权力顿减,督抚之气概才如道府,不足镇压一切,于内政外交,有无数窒碍之处。太偏于各省分治,必至省自为政,各不相顾,且渐成藩镇之状态。故欲斟酌二者之间,有其利而去其害,方足巩固吾国之新基础也。(见宣统三年正月初六日《刍言报》。)

今者改新官制,内阁之于各部,中央之于各省,督抚之于各司之权限,皆极困难问题也。前二者人皆知之,其后一事,则人或未知者。盖不使督抚得干预各司之事,则一切呼应不灵,且亦无以统率各司,块然居其上,若缀旒然。若各司之事,而皆禀命于督抚,则各司适为督抚指挥之人,与旧日司道之于督抚何异?且如是则各司皆无权,而仍须担承责任,则事必不行,此事亦极宜斟酌也。(见宣统三年二月十一日《刍言报》。)

内阁总理大臣者,即相也。古则宰相之职至重,且必以一人肩之。春秋时列国必有相。(中略。)政事得失,咸相任其责,国之安危荣辱,咸相肩其任。秦汉以后,君或下侵相之权,又或引词臣小臣以夺相权,又或以外戚阉宦而争相权。惟至本朝,则一切皆皇上亲理军机,但如书记官。近数十年来,虽亦有须参预之处,然弄权则有余,执权则不足,遂致以堂堂大国,而规模反不如春秋之小国,甚可叹矣!

至若亲贵不得干预政事,其说则明著于《中庸》所载孔子对哀公语矣。孔子言治道,莫备于对哀公之言九经。九经一修身,二尊贤,三亲亲。而言亲亲之事,不过曰尊其位、重其禄、同其好恶，绝不言假以事权。盖亲亲之道，不过如是而止，必不能以要职重权烦之，致反于亲亲之道有碍。圣人之言，固推行百世而无弊者也，何今竟并此忘之欤！（见宣统三年四月二十一日《刍言报》。）

吾国二千年独立于世界，古昔圣哲，垂训立教，所以植国基限君权者，其事至多。即如古人有言曰：天下者，天下之天下，非一人之天下。此语之范围，君上至矣，故天位天禄皆与天下共之，无能自私也。自古及今，无有言权要之官，专归皇族握把者。纵有一二破格为之，然上之则不能垂为法制，下之则不能著为学说。隋文帝怒杨素曰：我是五儿父，若如公意，何不别置天子儿律？以周公之为人，尚诛管、蔡，我诚不及周公远矣，安能亏法乎！以是观之，皇子与庶民盖齐等也，而顷者忽以大权属之贵族，此何说以自解乎！（见宣统三年五月十一日《刍言报》。）

专制改为立宪，头绪千万，大要必为改良政法也。然以吾观之，则更逊于前。何则？从前军机中无亲贵也。夫军机大臣不过备顾问宣诏令，才抵一书记长，而亲贵尚不得为之。今之责任内阁，则古之相也，而乃以亲贵为之，何欤？从前各省兵事属提镇，财政吏治属之藩司，刑名属之臬司，学务属之学政，虽机关未尽合宜，然督抚仅能总其事，而不能有其权。（中略。）今中央集权之说，悉以此诸权收归于部，于疆臣固多不便，且有于势实不可者。而如疆臣之意，则直欲并兵权财权及种权而有之，是直如列国矣。各国联邦尚未有如是者，节宣调剂，吾甚望诸定外官制者。（见宣统三年六月十六日《刍言报》。）

向之病旧法也，曰凡国之政法，当由中央直达于各省之有司，故一气贯注，一国如一身也。吾国则不然，凡事由县达诸府，由府达道，由道达省之督抚，司道层层节制，而咸足以相牵制。至中央有命令，则下督抚以递及州县，而咸可阻阁。且从前之制，各司由朝廷特简，其不职被劾，朝廷或派人查办，不必尽如其言也。而督抚有大过恶，各司可联名劾之，故督抚诸司无全权，而兵权则尤轻，以有提镇也。今闻新外官制，各司全辖于督抚，如属吏随时可劾罢。每省四面有四道，道之待属官，与督抚之待各司同。其下为县，县之于属吏，亦同于督抚、道。如此则督抚提挈一省之权，盖与一国无异，较之从前之督抚，殆有甚焉。其于行政之道，果有合欤？其于中外相维之故，果无弊欤？敢以质之议官制者。（见宣统三年六月二十一日《刍言报》。）

诒年按：彼时宣统冲龄践祚，醇亲王以天子之父，膺监国之任，初无弘济艰难之略，三数亲贵乘机窃位，盘踞要职，造成皇族内阁。其行事则方假借立宪之美名，以涂饰天下之耳目，先生危之久矣。故迭论之如此。

今有一事至要至切近，而又至易，非若定官制、立责任内阁、颁新刑律、开国会之烦难也。是何也？则凡新简督抚及行政长官，不可使因简放要任，而增巨大之债务也。盖债务增，不特筹还有碍于事，且以负债之故，须分心于无益之地，而因债主之多，复须位置其私人，则害于事大矣。此事惟政府能处分之。往者不可谏矣，来者其犹可追。（见宣统二年十月二十六日《刍言报》。）

诒年按：彼时政以贿成，悬价售官，殆已公言不讳。官愈大，则索赂愈多，其害于而家，凶于而国，皆所不顾矣。故先生特以为言。

诒年又按：王君蘧常所撰《沈寐叟先生年谱》，言时疆吏多以贿进，公独未尝有馈遗达权要，故三年署藩不得真除云云。此亦为彼时贿赂公行之证。以诒年所闻，则沈谱所言，尚是婉曲之辞，实则某巨公遣人索赂于沈君，许以真除，且恬以如能过于所素，则不久可坐致封疆。沈君拒之甚力，又知既拂其意，必被中伤，故即毅然乞退云。

诒年又按：金息侯君梁所著《光宣小纪》有云："锡文诚公[1]自闻武昌之变，颇自奋发，廷议以公督陕，召见决策，而枢要索贿八万金。公作色曰：生平不以一钱买官，况此时乎？竟改授热河都统，谓备北狩。而公预保张锡銮为晋抚，闻致

---

[1]　锡良，清末任东三省总督、热河都统，卒谥文诚。

贿四万，竟先得赴任。值此日此势，当轴犹忍索金，真全无心
肝者矣。"读此数语，彼时政府贪婪昏愚之情状，可以想见。
宜先生特切实言之也。

　　二十三日奉谕旨，不许再请短缩国会年限，意喧哗之徒，
必且忿忿。顾以吾思之，则朝廷实欲力行宪政，九年预备，已
极困难，何况又提早至宣统五年。国民而果有实事求是之
心，则方宜怵于预备之无实，而不应冀其进行之过骤。何则？
天下事至繁赜，断不能一蹴而几〔就〕，若谓国会朝开，国势夕
振，此语但可给三尺童子。盖以吾中国现状，非上下皆从实
际下手，而持之以五十年之恒心，必不能以见效。而今者上
下皆持速化之见，一若迻录章程，改换名目，已可达希望之目
的者，是真吾所不解也。

　　弹劾政府，再弹劾政府，或曰嘻逢怒甚矣，或曰阴阳薄而
雷雨作，事其济矣。顾余别以一种眼光观察之，则余忧乃未
艾也。夫当国家屯塞之时，朝廷深以为忧也，而将下交于国
民，而志士起而应之，激动国民之爱国心，以济国家之事。若
朝廷怠忽其事，而国民奋然而起，志士起而应之以要求朝廷
以改政体而振国势，吾国于此二者，不知居何等也。至若忧
国之士，奔走号呼，纵不能上下交孚，而非有以喻乎上，即当
有以喻乎下，所谓信而后谏，信而后劳其民也。今诸君子于
此二者，果占何等欤？若夫政体改易之实际，自皇室至国民，

所得之苦乐,今之主持之者,果皆能令其澈底洞悉,不至遇事检章,同于曩者之动查例载钦!至于非常之事,将使摇荡河岳,震动世界,则事中之人,必有平时为天下仰重,身系安危而名徹四远者,揹拄其间。如是不特亿兆倚为轻重,即在位之人,亦不敢稍存忽视之心。今岂已有其人钦?然则今之所争,正不在彼,而在此也。(见宣统二年十一月二十六日《刍言报》。)

无国会则国虚,无政党则国会虚,此固然矣。然国会之不设,可责诸社会,可争诸政府;若无政党,则必不能号呼以求之也。有党魁斯有政党矣,有声望资格足为党魁之人,斯人奉为党魁矣。党魁之质料不一,然而有必要者数事,忠义奋发不顾其身也,魄力雄厚能包含一切也,至死不变屡踬不悔也,宗旨一律无更变也,诚实不欺无虚伪也。如此则人皆欲助其成,虽欲不为党魁不可得已。若夫自命魁杰,而以私党之心谋国,以把持之道营业,外清内浊,以所得不正当之金钱起家,而乃以新自标,心迹奇诡,忽则欲以保全政府为目的,忽又乘乱称兵为至计。如此纵以权谲之术,得私人之推戴,而后亦必覆。夫取散漫瘫软之国家,而欲使之振作,此大事也,非可凭虚架空为之也。不惮时艰,不顾身危,出而任天下事,此实事也。非可点染烘托出之也。从事国会者其审焉。(见宣统三年四月二十六日《刍言报》。)

诒年按：其时政府之不可救药，既为人所共知矣，而所谓国民者，又日以速开国会聒于政府，顾既无众所共戴之党魁，即无主持国会之政党，则即使立开国会，其又奚益与政府相争者，殆未之思也。故先生又论之如右。

四月，清廷宣布干路国有政策，一方面议将商办干路收回，一方面即与四国银行订立粤汉、川汉两路借款造路合同，于是粤、鄂、湘、川四省舆论大哗，先后开会，集议起而力争，并以路亡国亡之说相恐动，势非推翻国有政策，不足以平众忿。顾其势乃不可行，先生有忧之，特于报端发为持平之论，不附和众议以博浮誉，不掩没事实以期补救。今日读之，尚足见先生之苦心也。为类叙之如次：

或曰铁道民有之说，君力持此说乎？余曰：吾无以言也。夫所谓民有者，谓其招股商办也。今各省皆于未招股之前，举绅士为总、协理，而学界中人为之羽翼，后即招集巨股，而前之总、协理盘据如故也。虽有股东会，不能伸其意见也。是则于商办二字不合矣。铁路者商业事也，既云商业，除招股外，无第二策也。顾何以租股、谷捐、米捐之纷纷乎，是又于招股二字不合矣。况各省筹款难不能动工者，其总、协理以下坐耗薪水如故也。筹款易者，则争角剧烈，糜费尤甚。于是七八年之久，集款一二千万，仅成路一二百里者有之；集款数百万，仅成路数十里者有之。而用人之冗滥，采办之侵蚀，与官办无异。夫如是吾安能主持民有之说乎。曰不主持民有则必主持国有之说矣。曰铁路国有，此于体势应然也。虽然吾亦不敢主持也。盖今之奏铁路国有者，即是改绅办为部办，实则借洋款办也。以路事之要，财政之困，借款造路，孰曰非宜。顾必款无滥支，工无虚旷，行车收入，莫敢侵渔，如是则可以每年溢利归还借款。虽然，此可得之吾国官场乎？官场睹大利所在，必百端谋朘削之，必使大半入己之囊而后已。如是则路之所入，永无余存，路款无余，则借款不能还，或别借他款还之，而新旧各债，如涂涂附，而吾国且亡于债，吾故亦不敢主持国有之说也。（见宣统三年五月初一日《刍言报》。）

干路收为国有，各报所大诟病。然干路国有，本为应然之事，特于既许商办之后，骤然收回，不能令人无望耳。虽然朝廷于此亦出于不得已也。吾国人惟当注意于收回后之法，哓哓争此，殊无谓矣。且各报于各省用款之虚糜，权利之争竞，成路之无期，何不一详论之，而策其究竟。乃徒以阿徇数十百人之所谓舆论，以为得计，国事其何赖矣。租股、谷捐本非筹款之正当办法，不能不谓之病民，特民不能言耳。皖之米商，哓哓者屡矣，川民之困于此，去年京中各报已书不一书，谓民之乐从，殆不可也。至于民力今已尽矣。浙稍殷富，而竟不能续缴股款，然则情形已至强弩之末矣。综观各省，大率办事之人少，而因以为利者多。即有一二尽心于是者，非为人挤去，即忿急而死。总之归国有借款而办，或有完成之一日，若划省绅办，恐百年无成。以无款则办事人坐靡薪水，款多则人人涎金而起相攘夺也。

借款办路一事，今皆集矢于盛尚书，顾不闻南皮①之事此已久乎。或曰此草约也，废之易易耳。噫！草约而随意可废，则何必订草约，且草约之订，前后年余，中更数变，磋商校勘，舌敝唇焦，而谓肯一旦弃之乎？此等事不能施之齐民，而谓能施之国际交涉乎！又况若吾国之与英、德、法诸国乎！世人徒知以从前赎回粤汉铁路及山西福公司、安徽铜官山矿为说。抑知七百万也，二百七十万也，二十余万也，吾之受亏损甚矣。吾国人徒知得于此，而不知已失之于彼，亦可谓暗矣。况彼之肯如此以未获利也，假使已获利则彼必不肯矣。吾国人不肯深究事实，而易视一切，吾不知吾国人何如是浅也。

前者格杀勿论之廷寄，大为各报所诟病。夫以表面言之，则国家夺民之利益，而又以严重之语为压制，诚不能无讥。顾试读上文，则固指暴动言也。民争地方之事，而至暴动，若不以强力制之，则将任其撤衙署劫仓库，致酿大乱乎？惟此事本不当入之廷寄中，廷寄但言已定政策，民间不必妄争可矣。若至暴动，则警察自有应当之办法，不必逆亿〔意〕

① 张之洞，直隶南皮人。

而言之也。至各报摘出此语为诟厉，如出一辙，使不知者见之，类似有意挑激民间，使怨恨国家者，是亦不可以已乎。至某报以朝廷此次对于川人厉，对于湘人平，谓为不敢于强，而敢于弱，一若欲各省皆起与朝廷为难者，良所不解。（见宣统三年五月十一日《刍言报》。）

　　近来之事有甚不可解者，各报诟国家将干路收为国有及借洋款至矣。顾于各省办理不善，何不一及川之乔湘之余，各报皆大以为诟病也。今乃并不论，岂以前承办者如此，以后决不至如此乎。鄂、湘集股甚微，既不能筹于前，岂转能踊跃于后乎。房捐、租股非民所乐，时见于报，非可掩饰也。粤得股二千余万，善矣，然何以七八年之久，仅成路百余里乎？借款之事起于张文襄，亦出不得已也。草约久订，不能撤废，报馆中人不应不知也，而乃为种种诬蔑之语，非欲激成政府与民间决裂之局乎。假使果因此而起乱端，岂于该报独有利益乎。蒙有猜焉，请辨其惑。（见宣统三年五月二十六日《刍言报》。）

　　所为商办铁路者，以民间有股实之商，集资办路也。现已无款矣，则何云商办；若借则何必商人，又何得复名曰商办。按此事吾国上下皆未明白。夫所谓商办云者，乃国家许本国之商人，以此为营业，而路则当以每一路起讫之地，为一公司；所造之路之起讫，而非以省为断，以致东与东面之省割一路，西又与西面之省割一路也。吾国人眼光乃不然，不以此为商业之事，而以为国家赐与本省人之大权利。问其股实之商人，无有也。问其能集股之有名望人，无有也。惟全省绅士中有权势手段者，盘踞其中而已，由是生种种误会，种种争竞，种种恶果。今则有因路事而成大乱者，有以借款办路为应然者，继此而往，吾不知尚有若何变幻也。（见宣统三年八月十一日《刍言报》。）

铁路之干路收为国有，其是非利害，姑别置论，各省绅商，果不谓然，向朝廷直捷辨驳可也。知事已无可挽，则思补救之方，使款不虚糜，将来清还较易，亦可也。且吾极知各商之断断以争再三不舍者，其宗旨固在存吾国，而非在亡吾国也。今如粤之挤大清、交通两银行，湖南之拟停纳租等事，是直欲顷刻致国家于亡，而忘国亡于己亦不利也。且忘如此办法，转与本来宗旨不合也。昔有弟兄相争者，弟不胜而怒遽毁共积聚，而不知兄不得食，己亦从而饥死也。且各省不知草约早定，无法能翻悔；又不知自前年以来，四国至外、邮两部提不，一提皆托故延迟，以至今日，乃反以为旧事重提，遂为此自杀之事，岂不大可怪乎。（见宣统三年六月初一日《刍言报》。）

近来吾国有至可怖之象焉，则为对于国家显然呈抗拒挟制之象，各国民间不悦其政府，固亦时用强力为要求。顾一方面力争于政府，一方面又以保护国家为心也。今吾国乃不然，例如干路国有一事，各省争之犹有说也，乃百计以求摇动大局，旁溢横出。至如粤省，必求挤倒大清银行然后已，而操言论机关者，方恐其为之不尽，而历举湘、汉大清银行放存款项，嗾使依样轰闹，一若惟恐不即乱者。至政府不许电局递争路之电，以民气莫伸而争之可也。乃如川省因政府将撤换电局委员，而相约抗拒，且以新总办至，必置之死地为恫吓，如此直是叛民矣。此等情态，逐渐加甚，则大乱成矣。（见宣统三年六月十一日《刍言报》。）

铁路之干路收为国有，质言之，则是将各省民办铁路之局面，全行改变，而另易一种办法也。各报于此訾论不一。窃谓与其竞空言，不如求实事。实事维何？曰审察合同之办法及减少费用而已。减少费用，以少用冗员为第一要义。吾闻津浦之合同，较京汉为有斟酌，而费用乃大增。是何也，冗人多，冗事多，于是冗费多，其害仍国家受之也。故余以为华官但须使司弹压购地可矣，自余一责之工程司，如是则工速而费转省也。（见宣统三年四月二十六日《刍言报》。）

报载湘人争路，而龙君璋谓须知俄人在东省修路之状，我华民种种痛苦，不胜枚举，财产为其所略，房屋为其所焚，性命为其所杀，尚欲逞其强硬手段，夺我土地。法人承修云南铁路，筑炮台，扎洋兵，著著进行，此可为湘路之榜样者也。云云。按干路收为国有及借款造路一节，其是非利害，姑勿具论。若龙君之举俄、法为说，则不可不辨。盖法于滇，俄于东清，为外人要求而得之路，主权几尽在彼；德之胶济，日本之南满，亦如是，故名为交涉铁路。若其他之借款造路，则主权全在我，若京奉、京汉，何有路权落入手之事，岂可以俄、法为说。余甚恐今者既混为一谈，则始之妄以俄、法为戒，而以畏俄、法者畏之，万一仍用借款，则将误以俄、法为此例，而以让俄、法者让之，是将凭空使借款者为路之主人翁，岂不可虑。（见宣统三年五月初六日《刍言报》。）

借款自造铁路一事也，借款而即由有债权者造路，又一事也。至若被要求而许其造路，则更不同矣。吾国人乃并为一谈，而路亡国亡之说，噪于全国，不其怪欤？抑尚有打破后壁之言焉，假使吾国善自为谋，绸缪谨慎，虽借款无害也。若夫上下相猜，政法错乱，虽路矿尺寸不假手外人，而一旦祸发，则一切将全入外人之手，所谓"杀汝璧其焉往者"也。吾国上下，其重思之见。（宣统三年六月十一日《刍言报》。）

六月，学部招集京外教育家及本部执行教育人员开中央教育会于京师，会员共二百余人，先生预焉。会长为南通张季直君謇，副会长为海盐张菊生君元济，江安傅沅叔君增湘。部中交议者，有军国民教育咨询案。同时会员提出者有唐蔚芝君文治之提倡军国民教育，有王□□君鸿文之实行军国民教育。先生曾拟一修正案，呈诸会长，其文如次：

读唐君提倡军国民教育议，于全国尚武一层，极为注意。惟康年窃谓此事，在精神不在形式，在根本不在枝叶。小学生注意体育，已足立尚武基础，若又于教科书中备列历代帝王之勋烈，名将之才略，武士之勇敢，游侠之气概，则人人勃发矣。又告以强敌之凭陵，兵气之挫衄，交涉之受困，则人人忿激矣。更惕以强权之日甚，外患之交至，灭亡之惨酷，则人人惕惧矣。夫习闻子武烈之故事，而又加以忿激惕惧，复壮健其身体，练习其筋骸，则人人具雄武之气，一旦使学习武事易易耳。且人之大患，在无内心学问也，政治也，经商也，无不以内心为重。军事何独不然。今吾国之学堂，已甚嫌其喧嚣哗噪，如更令其从事于打靶拳棒等事，则神散而不聚，气泄而不敛，驯至妄动于家庭，哗噪于市府，甚恐利未得而害先见。且乡镇小学堂，必多下等社会人家子弟，习气本不纯良，若更公许习此，则将以佐其私斗。始而两党相斗，继而两村相斗，而掠市店、闹官衙，皆势所必至。且既云普及，则全国相同，将来一片牵连，互相联络，祸患必不可胜言。大部提倡此事，自宜严定其鹄，预防其弊，否则一发难收，地方官禁之不能，纵之不可，如何处之。康年不敏，实深愚虑。谨议。

会长得先生说帖后，未即宣布也。其后先生复于会中发表其意见，其文如次：

本会员于教育上素少研究，不过对于这个军国民教育上也有个意见要请教大家。方才有人说我们中国现在危急，非如此不足以图存，然而总要在精神上讲究，不能专在事实上讲究。这个议案通共六条，都是办法。本员以为总要归结于精神方能有效。譬如要练将，十年八年才练出来了；要练兵，三个月六个月就练出来了。虽练成了，还要他能用号令，能知团结，方能有条不紊，要动则动，要静则静。现在我们中国的学堂情形，言之真堪痛心，各位试思现在我们中国的学堂，那一个学堂的学生能够遵守堂规，服从命令，这是各位所晓得的。前天这个设案，意思本是不错，不过办法有点不善。

先生又云：这个军国民教育，是与征兵相表里的。征兵之政，到汉朝就很为难。现在英国其人服从长上之性，比中国大得很，而征兵之法，犹且不能行。

先生语未毕，会员中有因先生所言听不清楚，请大声发言者，遂未竟所言而罢。其后先生又自起一稿，携至会中，托人代为朗读。其文如次：

前日在会中因军国民教育事发表意见，惜因病后之气力衰微，不能达其说，今特将欲言之案写出，请人代诵，乞诸君谅之。

本会员衰病之余，本不应预此盛会，但思现在大局急迫，苟有所见，何敢藏着不说。况当此紧要关头，人人应该划除成见，互相补益，所以扶病来此，一贡所见。

军国民教育,现在自然最要紧,但诸君热心爱国,切须先将各种现象看明,方可下手。军国民教育是医文弱的一种圣药,殊不知我国学生何曾专病文弱,他们的气是浮嚣的,他们的心是骄纵的,总之是庞然自大,不服管束。试问如此性质,若再教以武勇之事,岂非火上加油?药是好的,可惜他们还用不着。此等弊端,皆由十年以来,不能注重小学所致,而管小学之人,一味屈从学生,不在管理上用心,以致全国学堂竟是一般弊病,岂不可叹?所以现在仍须各地管理学堂之人,要用水磨功夫,将学生气质调习好了,方能从事武勇,否则未能学走,先要学跳,恐怕不妥。

前日听见有几位会员说,现在列强相逼日甚,惟有赶紧令全国习武,此是诸君但见外侮之可惧,而未见内地人家子弟之一切情形。况且办事均有一定的层次,不将根基修好,就想用揠苗助长的法子,恐怕还要闹糟。

现在时局固然危极了,然招架此事,还是要仗外交。依本会员之意,则靖内乱尤急于御外侮。盖今日各国所以能不即下手者,以相持不敢先动耳。若果动手,则不特此等稍加练习之学生无所用之,即我新造之陆海军,亦安能一战?但是各国虽不即动手,若我国一有内乱,则伊等借端保护,争先动手,我国将全行糜烂。因此之故,我国各处绅士,一面须作学生之勇气,一面又须防遏乱萌,则所云军国民教育,更不能不出以慎重。

本会员尚有一说,若我国向来办事,果能做一件成一件,即不能十分圆满,却总有七八成的成色,那就再加入军国民教育,有何不可。所谓底子好了,要如何便可如何。现在各省略涉新政之事,诸君想皆明白,试问以如此杂乱无章之景象,若不量其宜否,骤然又添一种特别之事,宜乎?否乎?

再,教育是各种政务的一部分,军国民教育又是教育中一个题目,所以说到教育,要顾到各种政务,说到军国民教育,又须顾着教育的全体,倘将全体抛荒,而注意一端,岂不是糟极。

诸君须知各处学堂通病,道德懂得少,中文能的少,其余学问亦敷衍而已,只有体操一事,却都高兴。因为此事有趣,又不必用心之故。既然如此,学堂中还须叫此等学生懂教化,肯用心,方可再及其余。

须知本会员亦知军国民教育是急事,但须从根本做起,又要有次序,方能有好结果。

先生又自跋其后曰:按今年学部开教育会,杂名列会员中,顾以病后体屝,不能住,后闻会中方主持军国民教育,余以兹事有利有害,万一不慎,一发难收,则为患滋大。乃草修正案送会中,数日未得消息,而初七议及此事,余乃扶疾往,强为演说,累数百语,即有人大呼,宜大其声,方可此说,乃大足窘余。俄而闻会长对众谓:汪君前有修正案在此,与今所言同，其意无他，不过谓不必打靶不必学拳棒而已。噫，此二语而括余之所言，岂不遏抑太甚欤！且不以余之修正案宣布，余固无如会长何。初九复至会，则书所欲言，请人诵之，并诵前之修正案，虽未获谅于人，顾语则已达于同会诸君，余亦慰矣。然各报例于异己之言，概不登录。故登此二文，以质同志。

诒年按：彼时学部及唐、王二君，惕于国难之严要，国民之孱弱，毅然提出军国民教育之议案，其意甚盛，而先生顾不赞成其办法。

又按：当光绪二十四年时，先生曾撰一论，题曰《宜令全国讲求武事》，刊于《时务报》中，其目有六，其属于士民所能为者：一曰宜速自筹办民团，一曰宜设立联武会，一曰宜设立奖武会。先生之主张尚武以救国，其意固极恳挚也。今于军国民教育之议案，乃持异论，不知者几疑为前后易辙。然使比而见之，则知先生之意，固始终一贯，特不欲使学问未成，血气未定之青年学子，轻干一掷也。

诒年又按：唐蔚芝君所撰先生传，末言辛亥之夏，学部广征名流开教育会。维时废经之说已盛行，先生力持正议，谓读经关系世道人心，决不可废，侃侃争辩，众人非之而不顾。云唐君与先生同年至好，且同为会员，语当不诬。且以先生平时之论议及节概言之，其于废止读经一案，当必有争议。顾今阅中央教育会全录于此案赞成、反时两派之言论，载之至详,独先生所言,乃未之见,则不解其故矣。

诒年又按:是年闰六月二十六日,《刍言报》内有一段云:日前京津时报载刘君廷琛劾中央教育会通过小学堂废读经一节,幸奏入留中,不得逞其奸云云。按读经与不读经,此各执一理,吾不能责该报也。惟该报于此而建以奸目刘君,则大可商。盖主持不废经,无论如何必不能加以奸字之目。夫开会集议,而剖决其应行与否,固许人之有异同云云。似先生虽反对废读经之议,然于主张不读经者,亦未尝不许为有理,此固心平气和之言也。

诒年又按:近人王蘧常所作《严几道年谱》,言严君在中央教育会演说,读经当积极提倡;又谓学校读经,自应别立一科,而所占时间,不宜过多,宁可少读,不宜删节,亦不必悉求领悟。至于嘉言懿行,可另列修身课本之中,与读经不妨分为两事。盖前者所以严古尊圣,而后者所以达用适时云云。盖亦反对废止读经者。然会议录中,于严君之演说亦未载,知有被其删削者矣。又严谱中载严君答或人之言曰"寒家子女,少时皆在家塾先治中文经传,古文亦无不读。非不知辞奥义深,非小学生所能了解,然于祖父容颜,总须令其见过,至其人之性情学识,自然须俟年长乃能相喻。四书五经亦然,以皆上流人不可不读之书,此时不妨先教讽诵,能解则解,不能解置之,俟年长学问深时,再行理会,有何不可。若少时不肯读一过,则终身与之枘凿,徐而理之,殆无其事"云云。严君主张读经之意,盖尽于此数语中。先生之意当亦不外乎此。

诒年又按:以今日学校课程之繁多,时间之短促,欲使学生遍读诸经,其势万有不能。然窃谓《孝经》、《论语》、《孟子》及《诗经》之前半部,实不可以不读,卷帙无多,并不多占时间,又大率理深而语浅,但使教习善于讲解,学生亦不难领会。此固民彝物则所寓,不容不恭敬奉持者也。自废经之议实行后,至今二三十年,其为害于人心风俗者,实不为不巨。以诒年所闻见,则有前妻之子,公然向法庭控其父匿其亡母之奁资不肯给彼者;有已嫁之女,控其母霸占家产不分与彼者;又有在外之游子,忽诬其年已五十之母为有外遇,议欲断其奉养者,人心之坏,至斯而极。彼主持废经者恐不能不负一部分之责任也。

诒年又按:是年六月二十六日,《刍言报》有一文论试办义务教育事,为列如次:

二十四日京津时报,辨学部试办义务教育议案,谓义务教育即强迫教育,既用强迫教育之法,则绝非用劝导而用强力,今乃标其题曰义务,而冠其首曰试办,是学部大臣之宗旨惝恍未定也云云。按报中所言,极为正当绳切,学部大臣亦极是。综言之,殆谓学部大臣不能放手办事,而有涉于纡徐躲闪耳。顾其中有一至难之故焉,则无论何处之州县乡镇,其地方公款足取为小学之用，殆无几何，甚有不能得十之一二。试思一面强民间小儿入学，一面无多数学堂可备无数小儿读书之用，则当事者可为奈何？况乎吾国人官之途太滥，于是稍见秀异之人，无不庆弹冠而去，冗员盈于京外，而办事之人乃大耗于乡。夫款既难足，人又不敷，则学部即欲用强迫之法，各省官绅悉能按规则办事，而事之无济一也。如此则一面又欲行普及教育，一面又须顾及筹款用人，则使各地方主持教育之人，徐为布置，积渐推广，而不能即时一概施行，此殆有不得不然者欤。

诒年按：右论盖亦作于教育会开会期内，特为类叙如右。

七月，川省骤然起争路之风潮，其后乃愈演愈烈，最先集众开保路大会，散布自保商榷书，商人罢市，学堂停课；未几有纠合数千人聚集督署请电阻督办铁路大臣端方带兵入川之事。同日咨议局正副议长、股东会长、保路会会员有被川督拘系幸免被杀之事。川督又有枪毙麇聚督署内外若干人，复令骑兵冲突人丛，死伤若干人之事。未几则川省城外有聚集数万人四面围攻之事。川督则先有电奏，川人意图独立，并将约期起事，幸先期侦悉，将首要擒获之事。其后则又有电奏剿办民团情形，自言连战七日，擒斩甚多之事。声势甚厉，远近惶骇。此与后来之武昌革命，不相关涉。然人心既已震动，时局实受其影响。先生实预知其可危，故报端论之至详。兹为全录于下,既以见当日之情事,亦以见先生之苦心也。

第一论　川省对待政府干路收为国有之事,近竟酿成罢市,驯致暴动,汹汹之势,未知所止。此事政府不于事前妥密筹备,而猝然发令,以致群情惊疑,及反对之形已成,而不谋晓谕解散之法,而惟以单简强制数语,而欲使川省乱机,即由此而化为乌有,是犹南辕而北其辙。综而言之,吾国政界中人,既不得不因大势之所趋,而行用新法,然行新法而用旧手段,固未有不偾事者也。近事已急,为政府计,惟有不动声色,速派川省所最信服之大员,驰往慰抚,将朝廷不得已之故,剀切详告,商一妥善办法,是为正理。倘不此之务,而惟思以严重之命令,威吓之举动,或禁止开会,或拘捕首列之人,则必致愈激愈固,且适与反对者以弹毁之资料,又畀匪徒以煽动之机会。即不至此,而皆能如政府之望,而人民屈于力,而心则不服,怨恨之心,愈衍愈广,此在今日人心若离若即之时,尤为可虑。至比事所重,尤在派往之人,而其人未必即为政府所喜,然当此艰棘之时,政府岂可再蓄私怨,滋疑忌,致误大局。政府以救急为上,必不至出此。

尤所切戒者,则当轴之人,万不可不详筹对付之法,而先内自相乱。我国向来习惯于作事谋始之道,初未研究,发言者不深求可否，而辄言之，听言者亦不察其是否而辄行之。若事机稍顺，则必争向人言，自以为功，而比数人之徒，亦各归功其所推戴之人。倘有不顺之处，则必速自脱于指摘，而尽移其咎于人，而人亦互相诿焉。此等情形，不特为局外人所笑。内既疑贰，则对付之法益形松懈，甚至各求见好之方，至此则或反为局外人操纵，而事局益陷于可悲之境。故凡值此事势，则主其事者，必尽弃同事之恶感，而协谋妥办之法。至事已弭平，然后取于事有碍之人，谋一处理之方，此办事之常道也。（见宣统三年七月十四日《刍言报》。）

第二论　川中之事，吾辈至断绝意念。何则？欲民气之胜欤，则声势滋长，渐至四方响应，于前途至为危险。欲官之胜欤，则无论如何，至少必杀人千百，是皆不知所云，然而死者冤矣。且民气壅遏过甚，一旦怨毒之发，亦非国家之福。欲其解散而就平和之理处欤，则又处于万不能之势。今乃闻有官兵屡胜之说，此事已成无可奈何之局。惟有一事忠告政府，须知兵胜乱民，已不为荣，若持枪之兵，而击无枪滋事之平民，则尤为不幸。今无他法，惟万不可再开保案，升奖无数文武官员，至万不得已，亦惟将艰苦之下级员弁及兵役略与犒奖可矣。未谂政府诸公以为何如。（见宣统三年七月二十一日《刍言报》。）

第三论　川中风潮，言人人殊，电信不通，故未由得其真相。各报所载，亦大都得之传闻，固不能据以为实也。即谕旨中言川人散布自保商榷书一端,《国民公报》且言系赵督之诬枉,然吾意则如此大事,赵督当不至以无为有也。况即以该报所言而论,该报不云乎邓孝可要求赵督电阻端①弗入蜀,以端若来,则川人必至倡独立,情词愤激。赵乃拘留于署中,则独立之说,是否见于自保商榷书,吾尚未窥其原文,不敢臆断。而其出诸邓孝可之口,如该报所言则已无可掩矣。夫邓孝可朝廷之职官,四川之士绅也。苟不幸而身陷于争路旋涡之中,为人民所推举,出而要求长官,其立言应知大体,宜如何审慎而出之,岂可有如是狂悖之言哉!宜乎赵督之拘留之也。入见长官,且有此狂悖之言,则其愤激之时,急不暇择,出署对于人民,势必更甚其辞。而一般无知之人民,见我所推举之人,所言如是,其事必极正当,一呼百和,影响自易;加以乱党之乘机而起,其不酿大风潮者几希。赵督之拘留之也,未为无见。然吾意邓孝可乃朝廷之职官,四川之士绅,当不至此。吾深愿邓君之未有此言也。吾深望该报之所载不实也。(见宣统三年七月二十一日《刍言报》。)

　　第四论　前日恭读谕旨,宣布赵季帅电奏,知川乱渐即弭平,稍舒目前之祸。惟赵电称为匪乱,并谓官兵力战七昼夜,而各报则多谓抗拒者,实民而非匪,且并未持枪械,虽各报亦有出入,而与官电则大相径庭。窃惟此事民与朝廷争,

---

① 指端方。

一省之人与国家争，为吾国千古未有之奇变。若不速查明实在情形，有以平川人之心，而释远近之疑，则后患正未有艾。合川督与各报所言观之，其为在事始终咸良善之民，不过后来愈聚愈多，哄闹不散乎？抑匪徒乘机为乱，与良民不涉，争路者一种人，闹事者又一种人乎？又或川中本已预备乘此而起，彼此混和为一乎？又不然则川人本欲以平和解决，激而横决，遂成暴动，前后遂两橛乎？更不然则乱事或全由拘押蒲、罗、邓数人而起，罪全在川督乎？凡此应熟察审处，必不可据赵督一电，遽为处分；尤不可以力战七昼夜为川吏大功，遽与以殊荣异赏也。

虽然吾今者又不能不为吾国言论家抱歉矣。当干路收为国有之时，中外各报，并不审察各省路事实情，且不顾及从前各报已将各路公司极力丑诋，又力言川省路股，非川人所愿，穷人持此路票，无从转售，故益困苦。复不将此次借款缘何根由，有何历史，详加查察。惟见此事足以煽动人，或可借端生发，即极力诋诉，加以捏造。于是盛大臣卖路也，路亡国亡也，九五之扣皆盛所得也。抑知草合同订于张文襄，能忽然抹杀不认乎！凡百借款，咸与折扣，为银行专人管理及印票登告白之需，非订合同之人所能得也。借款造路，若京汉一路已完全归我，何所为路亡国亡者？此等浅近之理，该报等宁不之知，特以不过甚其词，则不能激动人心，而遂其好乱乐祸之志也。且该报之言，亦大逾界限矣。夫民以不平之故,而出于上下相争,则必有争之之道焉。盖所以争者,为其事之失权利于外人也。倘以逾越界限之故,而公私丧失,乃大逾于所争,则亦无情理之甚矣。如粤之相约不用大清银行钞票,已为大逾界限,而各报反从而扬之,而罢市、罢课、抗租、抗捐之说起。殊不知此事实有万不能中改之势,纵使朝廷畏怯,亦无从屈从舆论。盖事基于七八年以前,即欲悔之而不能悔,今乃为此极点之煽动,假一旦实行,则直与作乱无异,而影响所及,将全国入于危险之域,而吾国立陷于至悲极惨之境。而吾国社会中人,平时本不研究,临事惟有盲从,不知其事之办不到底,又不知假使决裂,则转与从前之意志背驰。今则暴动旬余,无端死者已若干人。此等人孰杀之?盖直接则官吏杀之,间接则不得不谓不担责任之言论家杀之矣。

且谓今之哄闹者,非匪人非乱党可也,而欲以良民待之,则恐有所不能不忆前者饥民抢面粉公司,各报多谓饥民而暴动,即以乱民论,不能责公司以枪械抵御乎?又不忆前此各报盛责张安帅[①],不于饥民初暴动时严办一二人,致酿成昆山杀饥民[②]千百之惨祸乎?夫饥民抢掠,谓之乱民,争路而聚千万人,四面团结,抗挠一切,独不得为乱民乎?盖聚集无数

---

① 张人骏,字千里,号安圃。宣统元年十月至三年任两江总督。
② 据《大公报》载:宣统二年十二月上旬,江苏昆山县陈葛镇一带,有淮、徐南下饥民抢大户。

人，妨官吏之行动，阻社会之生活，即大乱之道也。

夫报者主持舆论者也，引导社会者也。善则大局蒙其福，不善则大局受其殃。吾甚愿吾国之言论家，惩于前而有以慎于后也。（见宣统三年七月二十六日《刍言报》。）

第五论　川中之事，旬日之间，电信不通，风声所播，人心疑骇，而各报亦振其如椽之笔，日日记载可惊可怖可悲可惨之消息。迨至日来，印证其说，似无如此之甚也。然究之争路欤？匪乱欤？攻署围城之举出自民团欤？匪党欤？蒲、罗之号召欤？同志会之鼓动欤？人民之聚集欤？乡团之自来欤？抑争路极守秩序，民人并无暴动，匪党乘其机而起，求逞其欲，大吏张其事以告，思掩其过欤？此至复杂至紧要之问题，非得有真实可据之消息，远处数千里外，曷敢臆断也。

赵尔丰之电奏，各报谓其出于一面之词，吾不敢谓其非也。各报近日所载之消息，与电奏多不符，吾亦不敢谓其是也。总之吾人今日而论川事，此一方面之言固不可尽信，而彼一方面之言亦未必皆确。身未亲历其境，欲求真实之情，持平之论，难矣。然而有言论之责者，固不可不详慎也，不可不公平也。道听途说，共事苟涉可疑，则与其登载而不实，毋宁缺疑之为愈也。尤不可略涉偏袒，而信笔书之，过爱新奇而率臆言之也。

不纳租税，宣告独立，不仅赵督电奏言之，各报亦记之矣。而近日各报，则力指为赵之诬陷，川人之有无此言，吾今未敢言也。即商榷书吾亦未之见，吾深愿赵督之所言有误，而各报之所载不确也。然二十八日之《国风日报》、初一日之《帝国日报》尚有此类之新闻，吾阅之不能无惑焉。

《国风日报》曰：川人确已宣告独立，其所举之首领为金某云。《帝国日报》曰：昨据川人家电云，叙州、嘉定城已破，川人选出金某为民团长，招兵买马，节节驻防，势甚蔓延。又邮传部得川北官电局来电，亦与此同据。《国风日报》之言，则川人宣告独立，且举有首领，其迹已不可掩矣。据《帝国日报》之言，则选民团长，且招兵买马，节节驻防，岂尚保路之可言。况民团长亦金姓，与《国风日报》合。谅该二报之言，当非无因也。二报所载相合，似尤足征信，然吾卒不敢信也；即还质之该报，恐亦未能自信也。故吾以为此等大有关系之言，仍应缺疑而不载也。

日前之某人自杀、某人被戕之消息，均已不确矣。吾且深幸其不确也。各报亦当知其误信矣。然《帝国日报》前日尚言李稷勋被杀矣，想亦无其事也。吾深惟各报宜详慎，宜公平，毋轻信道途之言，而有损报之价值也。况事之所关系者匪细耶。

不特此也，尤有关系之大于此者，如二十七日某报所言，某国之照会一节。姑无论此次川事，并不排外，天伤于外人，见于外人之报告。即使外人实有此照会，政府亦必拒绝，似不宜显揭其事，使远近人心愈形惶恐，反足以启人民嫉外之念,陷大局于至危险之境,吾知该报必未暇一计虑也。

夫我国之今年,东西南北,水火匪贼,灾异不绝于书,正民不聊生、人心思乱之秋也。不幸而川中又有此事,正宜靖人心而弭世变,岂可摇唇鼓舌,而以骇人听闻并不确实之消息,布散于社会欤!无益于川人,而有损于大局,吾未见其可也。

抑报纸者代表舆论之机关也,既为舆论之代表,则其一言一语,皆将为社会所信仰。夫以社会所信仰,而不自保其名誉,自尊其资格,自重其价值,而信笔书之,率臆言之,人将不信仰我。乌乎!可吾知各报必不如是也。吾因川事之所关系者,大而不自觉其言之哓哓也。(见宣统三年八月初一日《刍言报》。)

第六论 川人自保商榷书必非川人所为也。盖革党乘此散布,以动人心。然此等语,极足惑人,其后面条款办法,固是为乱之具,而前一大段,尤足动人。其文如下:

> 凡军港、军埠、矿产、关税、边地、轮船、铁道、邮便与制造军械、用人行政,一切国本民命所关之大本,早为政府立约,擅给外人,并将江苏、江西、安徽、湖北、湖南、四川六省与英国立约,不得让与他国。福建、浙江两省与日本立约,不得让与他国。广东、广西、云南、贵州四省与法国立约,不得让与他国。山东一省与德国立约,不

得让与他国。自日俄战争和议以来，又与英国立约，不得以西藏让与他国。满洲三省则为日俄暗分。

大率影射捏造，而全国人何知信为实。然则计无复之，惟有自保之一法，此等事流荡于人人之脑中，为祸不细。窃谓政府宜将其谬处，逐条细驳，又须将与外人所订之约，刊一全分，发行各处，另须作一简明之表，载明迭次损失权利之处，不可略为讳饰，并将何事现在如何办法，使全国人得释疑而更起其希望之心，庶足挽救于万一。盖吾国上下之隔绝，民间之误会，全在秘密。彼以为秘密则即有丧失权利之处，人无从知，斯无从攻击。不知即使秘密，而所丧失之权利，仍不免人指责。即并未丧失之权利，亦且为人疑猜，甚至人随意诬捏，亦无从辨白。至今日而恶果见矣。（见宣统三年八月十一日《昌言报》。）

第七论 吾今者有甚悲焉。何悲乎？尔以吾国之大，而稍明白事理者，竟无有也，而犹且以言语相欺，以意气相凌。呜呼！天其欲速亡吾国乎，不然何产出谬妄狂诞之徒如此众也。吾不怪川中之有自保商榷书，而怪以京师人才荟萃之区，而所谓文明之大报馆，若犹不知此事宗旨所在，犹竞为之解释，谓非欲为乱，岂以诸君子之识之学，乃并此而不之知也。夫保路则保路耳，何以阑入各种题外之文？官长保护地方者也，何以须该会保护地方？治安，官长责也，何故须该会维持？且不作乱，何以僭收租税，何以欲囤钢铁制枪炮及各工厂何以须立炮台。其言优给军人饷需，优待军警家庭，所以离军警于国家也。停办捐输，停止协饷，所以离民于国家也。节减办事人员薪水，此一班民人所愿闻也。夫其状昭著如此，而犹曰与谋叛有别，是犹杀人者曰吾但欲使彼首与身相离，非欲杀之。噫！梦欤！呓欤！愚欤！诚使人不解也。抑余更有切告者，书中前段，谓我政府已将各省分订各国，全是凭空捏造，内有数端，闻各国曾有此议，令亦不然。且中国亦未理之也。亦有某某二国约中稍涉及者，我外务部已宣布不认矣。又有数事，虽已大失权利如胶湾、旅大，然尚视将来外交之方法为转移，此则在吾国上下一心黾勉以求之，非可以激烈将事也。至谓川有天险，足以自保，此真小儿语。果一旦如彼言，则即日有自印入藏、自藏入川者，有自越入滇、自滇入川者。至由长江用浅水轮入川者，犹不知凡几。至此则不特川省糜烂，各省亦糜烂，是诸人以热心而为敌之伥，吾不知各报何苦而犹袒庇之。

且吾疑此不特非川人所为，亦并非革命党所为。革命党宗旨不纯，然亦以存中国为名。今其计划，即使极速，亦须在三年之外，而各国麇至，则不待三月而已大集。是则以此而成全国之惨祸，受千秋之唾骂，革命党人虽愚，必不至此。关心时事者宜审思之。（见宣统三年八月十一日《刍言报》。）

八月十九日，武昌革命军起事，不数日武汉三镇皆响应，声势甚张。先生乃为文以警告政府。其文如次：

今以谋之不臧，致为起事者所利用，然急则治标，惟有以收拾人心为第一要务而已。或曰是宜下罪己之诏，虽然是应参酌时措之宜语，语足入人肺腑，而尤必以实事随其后。若不能开诚布公，而徒用官样文章，则人弗信也。开诚布公矣，而言行不相顾，则人以为诳己也。今日政府正宜吐弃从前一切习惯，而别出手段为之，庶其可也。

警耗四面而至，但言镇定，未足有功也。虽然镇定其最要矣，欲以镇定人也，必先镇定己也。凡在当轴，须自知己之身，即国家之身，不能离中权一步也。岂惟身不能离，即心亦不能离也。夫如是乃能责之诸大臣，乃能责之诸有司百执事，若始则怀诿卸之思，继且存畏怯之志，甚至渐怀退志，规作自全之计，不特弛百僚之体，抑且为外人所哂。意吾公忠自矢之王、大臣，必不出此也。

事急矣。犹在萌动之时，顾恐在事之人智短而意怯，则或有援用戈登、华尔之往例，而以乞师邻邦为请。若果许之，则不特贻患无穷，且大为外人所笑，而种怨于国民益甚；然则处今日之事局，非求诸己不可。

诒年按：右论盖载于八月二十六日《刍言报》首，而是报即于此日为终止期，不再续出。又越十七日，而先生辞世矣。是则警告政府一文，在《刍言报》为最后之论说。在先生亦为生平所撰报论之最后一篇，即谓为先生之绝笔可矣。此文第二段言"凡在当轴须自知己之身，即国家之身"云云，盖阴指摄政王言也。乃不幸适如先生所逆料，进退维谷，仓皇失措，病急而用药愈杂，棋输而下子愈乱，先生盖不幸而言中矣。第三段以"乞师邻邦"为戒。当年幸无其事。然自入民国以后，内战迭起，每次战争，无论何方，率有受外人扶助之嫌，以是内忧既剧，外势愈张。先生有知，当亦不胜其怨恫矣。

诒年又按：武昌革命军起，于是年八月十九日至十二月二十六日即民国元年二月十三日，清帝遂下诏逊位，先后凡一百二十六日，先生前论距起事时才八日耳，而已知民军之不可侮，清室之将不支，盖自比年以来，朝政之不纲，内衅之迭起。接于耳者，罔非"及汝偕亡"之怨言，入于目者，无非朝不保夕之谬举。足使识微见远之士，咸怀载胥及溺之惧，而先生遂于此绝望，此则至可痛者矣。

九月十三日未时，先生卒于天津。先生自甲辰始即得膈疾，时觉心胸间有气横梗，哕噫作声。是年八月，革命军事既起，九月京师骚然，先生遂避居天津。初无他疾，十二日方晚餐，得京中友人密书，言政府将起用袁世凯。先生太息言，今方主张共和，然是人可为拿破仑，不能为华盛顿也。语毕遂起就枕，至夜半，家人闻有呻吟声，亟起视，则已昏迷不能言。

进以参汁，啜少许，仅能下咽，翌日未时遂卒。先生平日绝不主张激烈之行动，以为天下大器，破坏滋易，建设实难。以吾国之人材、财政、内忧外患而论，尤不当虚作一建设之理想，轻言破坏。故平素持论恳恳款款，专属望于政府之能自改革，勿自蹈于危亡之域，以致危及天下。然当局迄不能用其言，驯致一旦决裂，不可收拾，此则先生所为抑郁终身没而犹视者矣。呜呼痛哉！先生无子，以诒年之子德蔚为嗣。民国元年夏，葬于西湖桃源岭之叶面山，与元配王宜人同穴。继配陈宜人卒于民国五年，别葬于桃源岭之芦荡口。

诒年按：先生殁后，日人所设之《上海日报》曾于报端纪其事，备致惋惜之意。当时曾经译存，兹为照录如次：

昨见《时事新报》广告，知汪康年氏已作古，甚为中国报界惜之。君浙江人，年二十七成进士，富于才识，在浙江甚有名，执学界牛耳。为文简节而有力，以论证精确称，当《时务报》、《昌言报》、《中外日报》时代，君真可谓为报界之权威，《中外日报》读书人尤欢迎之。汪氏未创办《中外日报》以前，尝与康、梁党相提携，大挥其健笔。厥后则别树一帜，以无欲为天民之思想故也。汪氏虽为革进派，只可谓之渐进派或稳和派，非如康、梁党之急进派。故张文襄深信汪氏，常采用汪氏意见，在武昌兴新学，汪氏亦与有大力焉。汪氏尝与文廷式氏先后至日本游历各处，皆欢迎之，深知日本实情。归国后以日本之进步较之自国现状,大有所愤慨,遂为联日派之人。留日之浙江学生,大为汪氏所奖励,且彼等皆出入于汪氏之门者。又尝为学生筹学费,其奖励后进,诚可谓不遗余力矣。

光绪三十四年,因袁世凯采用新闻政策,《中外日报》亦为官场收买,于是汪氏遂离报界。本年夏复入北京创办《刍言报》,每月出报六次,其宗旨在矫正不健全舆论,故专载评论,不载新闻。要之汪氏之投身报界,以文学之光明与优美提倡新政,虽称之为中国现代先觉者,亦无不可。兹闻凶耗,殊深惋惜,用草此文,以表哀悼之意。

附录遗著题辞　按此题辞为沈寐叟君曾植,字子培所撰,于先生之志事及境遇,隐括无遗,读之令人感动悲愤,特为移录如次,藉作全谱之结束。

颂縠刻穰卿遗著将竣,属社耆问序于余。余展视不数叶,辄杶触唏嘘不终篇而止,他日复展亦如之。茫茫然庚辛之际在余前,其事不能忘,其言不忍复也。余识穰卿于童卯之年,亲见其困折;于塾师亲见其困学,见其成业,见其为大秀才,见其为名孝廉,为名进士,为大议论家,日长炎炎不可止。而时势推迁,爱恶攻取,乃困于葛藟、于缺机,困于纵横、于游侠,纷纭络绎,动心而忍性,名称满人间,志益烟阒,乃困于贞疾。凡兹遗书，则皆穰卿之呻吟语耶？"民之方殿屎"，穰卿之呻吟，噫！有熊氏三千年畏神服教之民之呻吟也。余与穰卿游踪最密，在庚辛之际，壬寅后不复见，迄辛亥而君卒其死乎！其升乎昆仑之虚，叫天而问，有辞乎？有诉乎？其缠绵固结之心，其复来此世而一宣抒乎！秋坟鬼唱鲍家诗，恨血千年土中碧。书至此，怳怳若穰卿嫛姗勃窣搴帏入，而有以告语余也。庚申阳月李乡寐叟题。

卷六　事业汇志

诒年按：先生当创办《时务报》时，于社会事业亦兼营并进。凡于人群有利益，于时局有关系，视为不可不办，不可不速办之事，或先生发其议而与诸同志合力办理，或他人发其议，而先生赞其成，皆急起直追，引为一身之责任。不以事务繁难之故而稍有退却，亦不以经济支绌之故而稍有瞻顾。盖真有勇猛精进之毅力，鞠躬尽瘁之志愿焉。当年所举办之事，盖尚有可考者，为详述如次：

一为编译有用书籍

当《时务报》未出时，创议诸君即定议俟经费稍宽裕，即编译有用书籍，以饷当世士林，俾为开风气之先导。先生又以吾国彼时惟制造局有多种译籍出版，大都属于算学、汽机诸类；此外则格致书院及教会间亦有辑译，本大都属于格致、医学诸类；至于各国政法及历史地理诸书，鲜有译印者。即有之，译笔亦不雅驯，学者多不欲观。先生乃一面延聘英、法文译员，择译诸要书，一面又访求多种适用之书，次第付印。故两年之间，印成之书已得九种，待印之书复有七种，在编译中之书复有九种。盖先生规划至为闳远，初不以按期出报即视为已足矣。兹将当时各书广告附列于后，借备异时参考。

《光绪会计录》　是书为李亦园秋曹希圣所编，于度支出入胪列最为详明，虽已付刊，而流传不广，特付诸石印，以公同好。

《中国工商业考》　是书为日本南溟绪方所撰，中国工商之业，向无专书，此书于中国工商盛衰之源，颇能中肯，留心时务者，不可不考也。故特属古城贞吉为译中文，以公诸世。

《日本学校章程三种》　是书一为日本学校制度，一为日本高等师范学校章程，皆古城贞吉所译。一为日本华族女学校规则，则驻日钦使署中东文翻译官所译也。中国近日实以开学校培人材为先务，日本近在同洲，足资规仿，故特汇为一帙，以资参考焉。

《随轺游记》　是书为吴君挹清与凤君端臣、彦君琴堂所撰，凡法国各部制造船澳、水师天气、炮台形势、学堂，皆亲见而详记之，法人强盛之迹，略见于此，是亦中土反观之一助也。

《俄属游记》　是书为英人兰斯德所著，杨星垣观察枢、莫力侯大令镇藩同译，于俄人所蚕食诸部，言之綦详。复经李苟农侍郎、沈子培比部详考史籍，疏通证明，注于眉端，讲求西北舆地者，必有取于斯。

《代数通艺录》　是书为阳湖方子可恺所撰，算法理至深赜，虽出以浅语，学者每致望洋。西法渐同，蹊径特异，要其公理，不能悬绝，是编略如屈氏九数通考之意，而精深过之。

初学寻绎渐进,不难立臻上乘。近今各书,或互立门户,或繁简失宜,未有如此书之适用者也。

《气学丛谈》 是书为傅兰雅、华若汀两先生所译述,专考明风雨表、寒暑表之各源流,并论各器之利弊及其造法用法,且将空气压力之理,证以化重几何各学,明白晓畅,讲求格致者不可不读之书也。

已写样未付印各书:《升恭勤公藏印边务录》、《英国印花税则》、《英伦巡捕章程》、《华盛顿传》、《宝星考略》、《中国在欧开办商务节略》、《时务会课文编》。

已译未成各书:《美国政书》、《英国律义》、《法国律例》、《泰西新政史》、《日本新政史》、《万国通商史》、《陆战新法》、《西国陆军制考略》、《几何快读》。

一为搜访讲求实业之人材

先生平日留意人才,而于能仿造外货及创造新器之人,则更尽力推荐,惟恐不及。维时有鄞县王启人君_{承准},能用中国旧机仿织东洋绉布,专用女工,不藉汽力。先生为荐诸浙抚廖榖似中丞_{寿丰},经中丞考验得实,大为嘉许,给以奖札。其文如次:"为给奖事:照得洋货充溢,利权被攘,果能有自出心机,制造各货,挽回外洋之利者,呈验既实,允宜特予奖给,以示鼓励。查有鄞县监生王承准,能以华机仿织东洋各布,深堪嘉尚。兹特从优给予五品顶戴,以为能创造兴利者劝。此札。"

诒年按：闻王君后得某绅助给资本五千金，因得扩充其业，左近各乡民，咸往习学，为福于乡里甚不浅云。

时又有许某能自以己意创制轧花机器，先生为言诸浙抚幕友吴佩葱君品珩，属其向廖中丞推荐，旋得复言，中丞正思仿造此类机器，以利民用，今许某既能创制，且较东洋机器为佳，甚可嘉尚。（中略。）如果利用，可令至萧山、余姚、海宁等州县产花之处，开厂制造发卖，或造成发至各处销售，此诚挽回利权之一道，应当护持，不许群工挟制，并可许其专利。此外尚欲酌量给奖，以期鼓励云云。

时又有四川人萧履安君开泰精算学，能出新意造火镜。其法为制大玻镜多面，按方装置，摄取日光，聚于一处，能使距离若干里固定之物，或非固定之物，立时着火焚烧净尽。先生闻其名，亲叩其方法，亟随处为之揄扬，议欲筹集巨资，供其设厂制造。顾无人能信其说，且以为数过巨，咸怀疑议，事卒不成。先生为之叹息不置云。

诒年按：萧君创造火镜，曩曾见其说帖，详述造法用法，惜未留存，今相距三十余年，不复能记忆，但能记其大略而已。

诒年又按：萧君之制造火镜，当时非但无人扶助，并且资为笑谈。时务报馆译编载有求在我者所译《无烟直线弹》一篇，其附注中忽涉及萧君火镜事有云：是必与天公约早晚最多烟雾时无得烟雾，又必与敌人约停泊须在烧界内，亦不得移动,致离聚光点;更不得于未被烧前,率尔放炮,致毁我光镜乃可云云。其揶揄可谓备至。然世间发明新器物,类多经过若干次之失败,始有成就之一日,决无仅为短时期之试验,即能圆满之理。使萧君于最初发明之后,有人能假以资财,加以扶助,继续研究,精益求精,安知无达到目的之一日。今求在我者乃于彼初次试验时,即痛加抨击,若有幸其不成之意。此真足令人短气者矣。世人每言吾国不出发明家,实则正由士大夫中只有忌嫉发明之人,从无扶助发明之人,遂始终不见有发明之人耳。呜呼痛矣!

光绪某年,法人在越南河内开博览会,江宁黄君秀伯_{中慧},赍其在北京工艺局所制之景泰蓝器具前往与赛,甚为到会观览者所称许,得头等奖凭而归。及抵上海,先生乃倡率上海绅商假味莼园开欢迎会以张之,既以表现提倡工艺之意,又以昭示远近各工厂,使群知出国预赛之利益。又特邀黄君所率领之工人到会,表演其制造景泰蓝之方法。会毕,复设筵以款黄君及来宾,并令各工人一体列席,以示重工之意云。

一为设立东文学社

设立是校之缘起:一、因自甲午后吾国与日人交接日繁,需用日文译员至多,而吾国人通日文者甚少,觉有种种不便;二、先生本意原欲多译西国要书,以饷遗国民,为变法之先导。然翻译西书耗财既巨,费时尤多,故又拟借径于东文书籍,以为救急之计,而欲翻译多数之东文书籍,非先造成翻译东文之人材，必不足于用。故特商诸农报馆主任罗叔蕴、蒋伯斧二君，设立东文学社，即延请农报日文译员藤田剑峰文学士丰八为教习，于光绪二十四年正月开学，招集诸生肄习日文。且议于毕业后，商诸当道，拨给官款，送往日本留学，是为吾国有日文学校之始。亦即为先生提倡日文之表现。此校成立后，成材日众，后来学界政界著名之士，出于此学社者颇多，而翻译东文书藉，派遣日本留学生，实发轫于此。

一为设立戒缠足会

是会由先生与梁卓如及高安邹殿书凌瀚、长沙张伯纯通典、达县吴铁樵樵、浏阳谭复生嗣同、临桂龙积之泽厚、顺德赖弼彤振寰、南海康幼博广仁、香山张玉涛寿波、顺德麦孺博孟华诸君公同发起，章程二十条，由吴君、梁君二人起草。邹君、谭君、龙君加以增删。其简章第一条曰：此会之设，原为缠足之风，本非人情所乐，徒以习俗既久，苟不如此，即难以择昏。故特创此会，使会中同志可以互通昏姻，无所顾虑，庶几流风渐广，革此浇风。第二条曰：凡入会人所生女子，不得缠足。第三条曰：凡入会人所生男子，不得娶缠足之女。第四条曰，凡入会人所生女子，其已经缠足者，如在八岁以下，须一律放解；如在九岁以上不能放解者，须于会籍报明，方准其与会中人昏娶。（下略。）

是会于二十三年六月初一日，由时务报馆创办。梁君所拟章程既定稿，后南皮张孝达尚书时为两湖总督，特为作序，以重其事。其时各处士流，致函会中，表示赞成，或条列疑义，相与磋商者，几于日有数起。至于开列姓名，请为隶名会籍，或且以劝导为己任，愿列名于会董者，尤不可数计。会务之发达，真有不崇朝而遍远近之概。遂由时务报馆改归大同译书局办理。按：此译书局，系梁君与诸同人集资创设。戊戌五月，总理各国事务衙门奏改为译书官局，旋奉旨赏梁君六品衔办理译书局事务。至二十四年八月，政变后，大同书局被官封闭，不缠足会因之停办，会员册籍，亦遂失散焉。

诒年按：上虞经联珊君元善，于戊戌八月后盖尝接办此会，先生曾有书致经君条列接办之事宜。

诒年又按：不缠足会未设之前，西人尝设有天足会，因系教会所为，故教外之人颇不受其影响。然筚路蓝缕之功不可没也。戊戌之后，又越若干年，鄞县沈仲礼君敦和，亦尝续有开会表演劝戒缠足之举，自彼时至今，约已有三十余年，其在上海及各处大商埠大都会，固已无此痼习。至如西北各省，则近人之游记，固多言其尚有缠足之女子。然如谓东南诸省，僻县穷乡，缠足之风俗，业已革除净尽，则无论何人，恐尚不敢作此武断之语也。春秋左氏传载周任之言曰：为国家者见恶，如农夫之务去草焉，芟夷蕴崇之，绝其本根，勿使能殖。是所望于今之士人矣。

诒年又按：近年吾国妇女又通行著高跟鞋矣。此风起于欧美，吾国从而效其尤，特未如缠足之束足使尖锐耳，然其矫揉造作，束之使小，初与缠足无异。至其碍血脉之流通，妨身体之健全，则中外论者，言之已屡，是其为害更无异于缠足矣。而且妇女积习，常乐于后来居上，异时变本加厉，安知不又蹈缠足之覆辙耶！辞而辟之，又乌可已。

一为设立女学堂

此学堂为经联珊君元善所主办，校设高昌庙桂墅里，即经君之私产也，赞其成者为先生，暨梁卓如、康幼博两君及施子英则敬、严小舫信厚、郑陶斋官应、陈敬如季同诸君，其章程之重要者，如第一条云，学堂之设，悉遵吾儒圣，教堂中亦供奉至圣先师神位。办理宗旨，欲复三代妇学宏观，为大开民智张本，必使妇人各得其自有之权，然后风气可开，名实相副。第十一条云：立学之意义主平等，虽不必严分流品，然此堂之设，为风气之先，为他日师范所自出，故必择良家闺秀，始足仪型海内，凡奴婢娼妓一切不收。二十二条云：沪滨郑卫之风向盛，而租界中桑濮秽迹尤彰明较著，今创女学，各得自有之权，不先从根本上讲究起，恐流弊较男学外孔内杨者更烈。公议凡真正节妇之女，即非醴泉芝草，亦宜破格栽培，勖以专伣。师范一门，秉贞母之赋，俾先觉觉后觉，或冀能形端表正，防微杜渐云云。

诒年按：此章程为何人所撰，日久无考。惟梁卓如君曾有倡设女学堂启一篇，刊于《时务报》第五十四期内，则此章程当亦为梁君所属草也。

此女学堂于二十四年四月开办，初时学额暂定四十名，然报名者争先恐后，几数倍于定额，咸以不得入门为憾。至次年夏间，刚毅南下至上海时，忽据人言，谓此校与康、梁有关，时赞成之人除先生外，大都介于官商之间，咸以被牵累为虑，遂力迫经君将校停办。至是冬十二月，经君又以电争立储之故，为清廷所深罪，避地澳门，是校遂为官厅所没收，直至后来□□①年，始行发还云。

诒年按：经君当时既在高昌庙设立女学堂，复于城中设一女塾，盖以便居近城中者可就近肄业也。故庚子三月，经君在澳门有书致先生云：女学事倘吾兄与静函足能支持数月，弟苟获幸免，此志决不稍懈也。又八月三日来书云：昨接刘松生来函云，女学城塾赖吾兄挹注，而伊仍万难敷衍，欲过中秋节歇手等云。弟复以新政之硕果，仅存止此女学一线绵延，万不可停而中断云云。又□□②年七月二十五日书云：为公学城塾，弟再四劝勉蒋、王两女史勿尽堕前功，已允竭力续□③云云。观于以上三书，知当时高昌庙之女学，虽已停办，而城中女塾固犹存在也。

一为设立务农会发行农学报

是会由如皋朱阆樨祖荣、会稽徐仲凡树兰、上虞罗叔蕴振

① 原文如此。
② 原文如此。
③ 原文如此。

玉、吴县蒋伯斧_黼诸君所创设，而先生力为之助。诸君之意，以近年西学大兴，有志之士锐意工商诸政，而于农学绝不讲求，未免导流塞源，治标忘本，因创设务农会，以开风气，以浚利源。先生之意，以农蚕种畜，为我国自有之利，与商务之须求诸人者不同，又但须取材于地，与商务之与人争衡者亦不同。故于诸君创设此会，视为切要之举，尽力提挈。其简章第一条云：本会拟筹集款项，在江、浙两省地方，购田试办，所购之田，即作为会中公产。第三条云：拟聘请化学师一人，辨别土宜，并酌购外洋机器农具，为中国所不可少者，以佐人力之不逮。第四条云：农之为义，兼耕牧言，本会除树艺五谷外，博采中外各种植物，一一试种，兼及饲养牲、鱼等事，以广利源。盖创设之始，立愿至为宏大，旋以经费未集，同志未多，旷日持久，殊非善策，因拟先办农会报，于光绪二十三年四月出版，藉以通消息资研究云。

一为设立蒙学公会发行蒙会学报

是会由先生与湘乡曾敬贻_{广铨}、仁和叶浩吾_瀚、吴县汪甘卿_{钟霖}三君公同发起。立会之本旨，分四大宗：一曰会合天下心志，使归于群，相与宣明圣教，开通锢蔽。一曰报立法广说，新天下之耳目，而为蒙养之表范。一曰书为图器、歌诵、论说，便童蒙之诵习而浚其神智。一曰学端师范，正蒙养造成才必兼该而备具。公议先以书报为起点，以会学为归宿，而蒙学报遂于二十三年十一月初一日发行。其报例第一条曰：本报分两大纲，一为母仪训育之法，其目凡四：一曰养育、一曰劝诵、一曰仪范、一曰演习。一为师教通便之法，其目凡六：一曰字课、一曰数理、一曰方名、一曰智学、一曰史要、一曰时事。第二条曰：本报以启蒙为主，故专取浅明通便之法，以图说歌诀为第一要义，期于演说易晓，玩象可知，其图说问答用白话，歌诀论略用文理，务期先后序进，一意贯承云云。

　　一为代人办事

　　自《时务报》开设后，各地官绅之以开辟风气有益公众之事相托者，书札往还，盖时时有之。先生乃以私资延一书记，专司其事，盖几于视时务报馆为办理新事之总汇，先生为主持此总汇之人矣。其故盖有数端，先生交游素广，每至一地，必与其地之贤士大夫，结深交敦气谊。迨报馆既开，即素不相识者，亦闻声相思，群以为欲延访新人材，研求新事物，殆维先生是赖。于是以事相嘱托者，遂如水之归壑焉。其次则先生又忠于为人谋，凡远近官绅，以事来商者，先生必尽其所知所能，为之筹画处理，知无不言，言无不尽，期于尽善而后止。故人咸乐与先生商焉。又其次则先生又极意延揽人材，既由甲以识乙，复由乙以识丙，转辗延引，无穷无尽，其人之材能学问，无不明瞭于胸次，故各处创办新学书院，欲得一二佳教习，先生辄具姓名以告，殆于取怀而与矣。或欲有所兴作，为民兴利，托先生访求办理之方，与夫办理其事之人，先生亦必尽心探访，期于不负所托。故来与先生商者，遂源源不绝焉。兹特就积存之各书牍中,择其关于此类事者,择要列表如左,藉可考知一斑。表中诸人,以姓之笔画多寡为次。

发书人姓氏	发书人所在地	事 实	附 志
王星垣君	浙江黄岩县	拟开办学堂,托延西文格致教习。	
王君延龄	山东诸城县	拟与族众集资设立藏书局,托采购书籍。	
方燮尹君	安庆	托购日本所造开井机器,并访延教师。	
江叔海君	重庆	开办渝报,托代购铅字印机,并代招排字印刷工人。	时又有宋芸子、潘季约二君亦有书致先生,商议购办铅字及印机之事,盖皆与江君同办渝报者。
江建霞君	长沙学署	创办《湘学报》,托为推广销路。	
何君恩煌	安庆望江县署	拟劝民创种木棉,托代延谙晓种棉新法之农师。	
吴佩葱君	杭州抚署	拟在省城开办中西学堂,托搜采各处学堂章程。又托代觅日本大学小学各章程。又托开列校中应用之书籍仪器。托探听制茶机器价值及焙制方法。又托招致能仿造轧花机器之许某。	按:吴君时在浙抚幕中襄办中外交涉要政,此盖浙抚廖毅似中丞属其托办者。

吴君利彬	湖北	主讲砖硎书院,托代办书籍仪器。	按:吴君系两湖书院高材生,为先生所识拔,故知己之感甚深。又按:吴君即吴将军禄贞之父。
吴筱村君	浙江山阴县署	托采译研究蚕务之西书,又托查养蚕用之显微镜,器具等之价目。托探访塞门德土之价值及使用之工匠。	按:此系代杭府林迪臣太守函托。
又	浙江西安县署	托采访出口草帽辫之款式及推销方法,又托采购各式草帽俾作标本。托探访制造樟脑之机器之价目,并探访造樟脑之日本技师需薪水几何,约几月可学成。	按:吴君在西安,以彼地物产甚丰富,而妇女习于嬉游,终日不作一事,故锐意创兴工业,冀得扩充利源,俾妇女亦得以资生。惜未数年,匪乱猝作,吴君遂以身殉,至可慨也。
		托觅洋棉种子并其种法。托采访出口之猪毛如何扎法,每扎长短若何,价值各几何。	
宋芸子君	成都	创设蜀学会,托代延格致教员。	
汪建斋君	南昌	托探访种樟熬脑之方法,并访觅熬脑之技师并其薪资数目。	
周孝怀君	四川泸州	设立经纬中学堂,托延教习。	

林迪臣太守	杭州府署	议欲招集商人创设公司，将土货运往外洋推广销路，托为筹画办法。	此盖代浙抚廖中丞致函商办。
洪藻裳君	长沙	议欲采樟木制脑，种萝葡制糖，拟遣人至各地学习，或延技师至湘教授，托为酌拟办法。	
孙仲容君	浙江瑞安	合邑同人拟开东文学馆，托延教习。	
高啸桐君	杭州府署	托探访日本派人来华考察饲蚕收茧制丝之深意。	按：高君时在杭府林迪臣太守幕中，此盖代太守函托者。
张印咨君	吉林	托觅制造塞门德土之技师。 又托访延堪胜警察及工程之人材。	
张子华君	松江	拟设讲求新学之书报馆，托为采购书籍。	
张味苏君	杭州抚署	托探听派生往日本游学，应行预备各事。	按此盖代浙抚廖中丞函托。
张菊生君	北京	开办西学堂（后改名通艺学堂），托访延西文教习。	
章希瑗君	江苏高邮县署	创办致用书院，托延算学教习。	
张伯纯君	长沙	创办制造公司，托觅熟精制造之技师。 托代矿务总局访延在美国习矿学得有优等证书之中国学生。	

陆勉斋君	杭州	创设求是书院，托访延教习及翻译。	按：求是书院创办时，陆君奉派充监院，故秉承浙抚廖中丞之意，以访延教员相托。
梁节庵君	武昌	湖北派学生二十名至日本游学，托于过沪时为之照料。	
黄仲弢君	浙江瑞安	代本县学堂托延英文教习。	
杨仲庄君	杭州	设立群学会研究算学，托延教习。	
杨皙子君	长沙	湖南派学生至日本学陆军，过上海时托为照料。	
廖毂似中丞	杭州抚署	属将觅得之水陆师学堂章程从速刊布。又属觅农、工、商、医各项学规。	
熊秉三君	长沙	开办湘报，属代办印刷机器及铅字。又托招致印报及排字工人。	
叶伯鸾君	广州	办理《南纪日报》，托为推广销路。	
邹沅帆君	长沙	代某学堂托访延算学教习。托代官设书局采购讲求新政新学之书籍，寄湘发售。又托代制造局附设之学堂延访精通汽机之技师往充教习。	

刘古愚君	陕西西安	托采购易于仿造之西洋农具。又托购铅字为排印书报等之用。	
欧阳君烜	湖北房县县署	创办学堂,托代延英文兼体操教习。	
蔡伯浩君	长沙洋务局	派生十名往日本学师范,托于过沪时指导一切。并托致函日本旧友,为之先容。	
钱保和君	浙江慈溪	托探听开井机器价目及延聘日本技师应需薪水若干。	
卢木斋君		托办铅字三份,为印书之用。	
龙研仙君	江苏如皋县署	创办安定治事学堂,托代延英文及格致教习。	
谢钟英君	常州	拟公设西文学堂,托代延西文教习。	
谢荣光君	槟榔屿副领事	筹建华侨学堂,托办书籍、图画、器具、报纸。	
瞿子玖侍郎	江阴学署	托办日本所造垦种收获农具各五份。	按:瞿侍郎时为江苏学政,奏请将南菁书院改为学堂,并以该书院原有沙田一顷,拟参用西法,树艺五谷、果、蔬、棉、麻等项,故有托先生采购日本农具之举。
罗鹏孙君	湖北	设立中西通艺学堂,托延西文教习。	

诒年按：右表都凡四十一人，其以个人之资格相属托者不预焉。其无书牍可据者，亦不预焉，若并计之，其数盖不止此矣。其年月则大抵起于光绪二十二年秋七月以后，直至二十四年夏秋间（亦有在此后者，然甚少），始终不逾两年，其属办之事，盖不越劝学、务农、通商、惠工数大端。其时上下远近，实有风发泉涌一日千里之概，使其能蒸蒸不已，日进而无疆，则吾国之前途，殆未可量也。不意戊戌八月政变遽作，政府既迭下谕旨，停罢中小学堂，裁撤农工商总局，查禁报馆，禁立会社，拿办会员。取八月以前之新政，一例推翻而后快。国内士民，既忧惕于淫威之不测，复苦于展布之无术，于是一线之生机，遂斩焉以俱尽。庚子拳乱以后，又取已推翻者，更次第恢复之，然元气则已大伤矣，是亦不可以已乎！

一为主办湖南矿务分局

湖南矿产极旺，而以安的摩尼为最，沅水流域若辰溪县、若泸溪县，资水流域若益阳县、若安化县、若新化县，湘水流域若浏阳县，彼时均已勘得为安的摩尼最丰富之区。益阳年可出八千吨，而辰、泸所产则更优于益阳。时陈右铭中丞宝箴方巡抚是邦，锐意欲将各矿次第开采，以开发地方之富源，而为兴学育材之预备。乃特设矿务总局于长沙，使张伯纯通典、邹沅帆代钧两君主其事。又设分局于汉口、上海二处。汉局主转输，使罗邠岘君运涉任之；申局主推广销路延访技师等事，托先生任之。顾其事乃至难，就推广销路言，先是有美国人傅兰雅愿每岁包销八千吨,顾所许之价,乃不能偿运输之费。旋又有美国商人愿每年包销一万五千吨,并自行派船到汉口装运,彼此已有成议,旋以他故不谐而罢。其时盛杏荪府丞立一公司,拟以十万两为报效,议将湖南全省之锑矿,归彼一人采办,湘省但司抽税之事。陈中丞力拒不许。又就延访技师言,先已延定罗某,订明月薪一百五十两,比至忽睥睨一切,要求无已。先索增薪五十两,许之;次索精美之居室,许之;次又索精美之膳食,自定每日膳费三两,许之;而不即与终,乃又索增薪一百五十两,矿局不能允,遂拂衣而去矣。幸其时尚有邝荣光君在湘,矿事不致坐废,然邝为开平局之矿师,不能久留湘中。后乃物色得唐月池君,又得池贞铨君,皆为矿师中之上选。顾唐君即将往四川,池君正在福州船政局服务,皆不能应湘省之招,最后乃得温务滋君,然矿地至广,非温君一人所能遍及。又议欲添延日本技师至湘炼锑,然彼时湘省仇外之风绝盛,对于日本则尤甚。议在汉口设局试炼,不敢招之至湘。而日人尚欲吾国为保命险始允就事,议遂作罢。又议派人至日本学习炼锑技术,顾非急切所能收效。综此数故,后乃商定两办法:(一)为与汉口亨达利洋行订立合同,由亨达利代销锑砂三万吨,俟由湘运到汉口后,每吨即交银三十两为山本,再由亨达利运往外洋出售。售得之价,在六十六两以内,除去运费、关税,等等,矿局与亨达利各得一半;在六十六两以外,矿局得七成,亨达利得三成,此其大较也。(二)为招致粤人戴笏轩、刘艺林、胡贞甫诸君至湘设立大成公司,与矿局订立合同,在长沙设局提炼,成官商合办之局。兹将俞廙轩中丞廉三奏折附录于下;藉可见此事之原委。

(上略。)查锑砂一种,外洋称为安的摩尼,其质在金石之间,湘省各属,所在多有,苗路错碎,不成片段,小仅颗粒,巨则万斤,或一线相连,衰旺各异。采炼可作炸药帽、药字模,并入铁铸造机器,其用甚广,其价较铅为昂,为外洋所必需,为中国所创获。论矿务者,咸以此为可兴之利。前于益阳等处觅获锑砂试筹销路,有汉口亨达利洋行订销出锑五成以上之砂三万吨,每吨先交价银三十两,俟其售出,仍照行规,各分红成。因于汉口设立转运局,过磅交易,计所定吨价,若全数交收,不第前亏可补,惜现产无几,未可期以岁时,复于各处广为搜求,续有所获,而砂质较低。招粤商大成公司来湘就近提炼成锑,分别运销。(下略。)

诒年按:先生与张伯纯、邹沅帆诸君办理湘省矿务,备极周折,往返商酌,积牍至夥。今就张、邹两君之书札计之,已有一百数十通之谱。其辛劬可想,故特详记之。

诒年又按:矿局与大成订立合同,就张、邹二君来书考之,知在光绪二十三年十月间,其时陈中丞尚在湘抚任也。

其后乃由俞中丞出奏,《东华录》载此奏折,于二十五年二月内,相距年余之久,不解其故。

诒年又按:大成公司成立后,胡贞甫君即来往申、湘间主持一切。二十五年二月,胡君正自长沙回上海,舟泊洞庭湖,夜半大风骤起,舟既沉没,胡君歼焉。此非特大成公司之损失,抑亦湖南矿务之重大损失也。兹特将邹沅帆君彼时来书附录于后,藉志悲思。

胡贞甫此次来湘,其返棹也,竟飘没于洞庭,可惨已极!此君具有用才,而如此了局,有志者为之寒心。其舟本有轮船拖带,二月十八日晚泊于洞庭之鹿角,舟子不慎,维舟未稳,更阑风大作,全舟飘去,离岸里许而覆,死者数十人。鄙人前日过洞庭,犹望见覆舟之桅,大成公司有人在鹿角守捞遗骸,竟未得,惨极。

诒年又按:彼时有一异事,则胡君之如夫人居申者,一夜忽闻门外有剥啄声,比启门,则胡君归矣。亟叩起居,默不答视,其面索索,若无生气,意以为风尘辛苦之故,不之疑也。即入厨县颒面水并煎茶以出,则胡君忽不见,大门亦未启,甚为怪讶。及次日得长沙电讯,始知昨夕归来者,固胡君之生魂也。此事近神怪,然是其如夫人于事后泣告吊唁之亲友者,非謷言也。

一为主办译印西文地图分会

按此会由新化邹沅帆君所创办，而先生特于上海设分会以应之。先时邹君随使英、法，购得德意志人所作图本，于世界各国皆备，惟欧洲各国甚详，余皆嫌略。乃锐意搜觅，得俄人所作中亚西亚、西比利亚二图，英人所作印度、缅甸、暹罗及北亚美利加、南阿非利加等图，法人所作越南图，德人所作南洋群岛图、阿非利加洲图，均极详备，足补图本之缺。其于中国舆地，则又搜集中外测定各直省新图，如江苏书局本江宁、江苏两藩司地图，同治五年刊本广东地图，《湖南通志》、《江西通志》本湖南、江西地图，浙江、湖北新测会典本浙江、湖北地图，光绪十六年本三省黄河图，德意志人所作直隶、盛京、山东、山西、河南、陕西六省地图，英吉利海部本盛京、直隶、山东、江苏、浙江、福建、广东七省沿海图，及长江、白河、西江等图。因取胡文忠全图为底本，参互考定，误者改之，略者增之，合诸欧美非澳各地图，共得六百幅，镌以铜版，分次出图。邹君独力经营，而先生则与义宁陈伯严、达县吴筱村、华阳王雪城乘恩诸君尽力为之助云。

诒年按：公会译绘之地图，初议付诸石印，旋以石印不如铜版之精细，且铜版又可永久留存，随时修改，故第一批图即在日本镌刻，而托王振甫君为监督。第二批图则初拟延一日本刻图技师至汉口镌刻，并招生从之学习，不意为日未久，此技师称疾径归，不得已乃令学生自行学习。时王君适亦在汉，即由王君为之指导云。亦可见当时之艰苦也。

诒年又按：邹君于译印地图事，用力至劬，用心亦至专，兹将其致先生手书，摘录数通于后，藉可略见一斑。

曩年在鄂，鄙人有志于图，公有志于报，早以图、报相勖。某于矿事本非所长，现竭蹶为之，俟稍收成效，便当求义宁①设西文大学堂，移我作一学堂提调，于愿便足。当今之世，万事都无济，惟学堂报馆为救黄种之根本，君努力于报，鄙人于图外，尚欲造人才也。倘不如意，则专志于图矣，他非所望也。二十二年丙申十月十六日来书。

（上略。）总之，此事藉诸股友之力以成图，即藉诸股友之力以成会，获小利则成小公会，获大利则成大公会，鄙人断无丝毫肥私之意，此可质诸天地鬼神而无愧者也。（中略。）此版固可源源续印，必须源源修改，如外国出有新图，与今本异者，即当从而改之。至中国内地，此次所出者，仅大略耳。公会果有巨款，便派人往各处测绘，将版重改之处必多，以此次所成者为底本，以后历年改之，数十百年之后，殆为善本，所贵乎公会者正为此耳，西人成一国精图，必期以数百年，我辈岂可求旦夕之功。迭加修改，则不患其销之不畅，能垂久远，为精本所嘉惠者甚大且远也。我辈任开风气，不任作事，所

---

① 陈宝箴，江西义宁人，时任湖南巡抚。

望来者正无穷耳。二十三年丁酉九月初八日来书。

鄙人去秋回里，本不愿再出，所以重来鄂渚者，为图之未成耳，为图而出岂有不发大力而悠忽置之耶？（中略。）若竟不行，则不能不决然而去，专谋图事，当遍去四方，以求有力人成此举耳。二十五年己亥十一月十四日书。

事既繁剧，款又拮据，而所遭复诸多不顺，下怀竟终日为之抑郁，惟此心不因此而少衰，任千磨百折，必将此事作成。二十六年庚子二月二十六日来书。

外间论者，总以鄙图为必不成，然区区之心，不为少懈，却期以必成，惟恐时局不佳，不容我作事，则无法可施也。二十六年庚子五月十七日来书。

诒年又按：邹君于光绪三十四年三月作古，其侄永江有书致先生，略言舆地学会股票付图期限已满，而远方尚有函索者，若遽行截止，未免令其向隅，殊非会中之本意，兹拟再展限三个月云云。知公会第二批地图，业于邹君辞世前印出第一批图早于光绪二十三年印出。并志于此。

卷七　言行杂述

先生幼遭丧乱,中更家难,中岁以后,怵于时世之危迫,思欲有所设施,而迄不获遂其志,不得已始藉报章以发纾其意见。又迭为官吏所夺,故朝喟夕喑恒郁郁不自得,颇以是伤其生。晚年尝戏改古语悬诸座右,其文曰:"臣当此景,惟能说病,口不能言,对之以噫。"盖先生晚年久病呃逆,故改饼为病,改臆为噫。虽是戏语,而抑塞之意,盖可见也。

诒年按:杭县徐仲可君珂所著《呻余放言》(见康居笔记汇函内)中,有纪先生事一段,若为先生写真,特为移录如次。

曩为汪穰卿同年康年撰家传,有"居恒伤国事,瘝首蹙额,常若负重,忧于其身"三句。识穰卿者见之谓为善状其容貌。穰卿生当叔季,闻见日非,宜尔尔。

先生当二十四岁至二十九岁,实为幼学之时,其勤苦殆非人所堪,而精力亦半耗于是。时馆于吴氏,尽日授徒,复于其隙,料量家务。亲友有庆吊事,又须一一躬往酬应,苦无暇专力于学。入夜乃与诒年及季弟洛年围坐一方案,先生中坐,诒年与洛年左右坐,各就灯下治所业。有不解者,即就先生质问，无不披豁尽意。杭城敷文、崇文、紫阳三书院，例于朔望试士子，朔课一日，望课二日，先生与诒年，或作二卷，或作三四卷不等，随作随写，彻夜不辍。遇诂经精舍考课日，别二人合作一卷，先生任经解，诒年任词赋，时或遇题目不多，期限稍宽，则二人各作一卷，均由洛年为之誊写，亦彻夜不辍。比事毕，即各挟卷趋赴收卷处交纳，虽遇雨亦如是。洎交卷归，天甫黎明，晓风吹人，腹中觉饥，则就道旁豆腐担啜腐浆一盂，以解饥寒，盏数年如一日云，今日记此，犹泪涔涔欲下也。

先生于书无所不览，自群经、诸子、历史、舆地、小学、天算以至古文、骈文、诗词之学，靡不探讨而研究之。三十五岁以后，从事报馆，公私酬应，日不暇给，而就寝之顷，犹必阅书十数页，以为常云。又好抄书，古籍秘本，非力所能蓄者，不惮辗转假借，手自移录。课徒里中时，尝觅得沈氏南北朝舆地表，时方岁暮，例得解课一月，即将原书手录一通，一字不遗。其后往来南北，随时搜购秘籍，又从交好中借抄，故生平所得罕见之书颇夥，屡欲刊刻行世，以绌于财力而止。其后乃编为《振绮堂丛书》初、二两集，兹将其目录列下：

初集：圣祖五幸江南全录一卷不著撰人名字，传抄本。客舍新闻一卷彭孙贻撰，传抄本。克复谅山大略一卷抄本。拳匪闻见录一卷管鹤著，稿本。韩南溪四种稿本，内计：独山平匪日记一卷，遵义平匪日记一卷，均空六居士著；平苗纪略一卷，韩超著；韩南溪年谱一卷，陈昌运著。

汉官答问五卷_{陈树镛著，原刻本}。澳门公牍录存一卷_{抄本}。蒙古西域诸国钱谱四卷_{英文原本，陈其镰笔述，张美翊勘定，稿本}。经典释文补续偶存一卷_{先伯祖讳远孙撰，家藏稿本}。借闲随笔一卷_{同上}。

二集：中兴政要_{文廷式辑}。克复谅山大略_{抄本}。烈女传_{本生六世祖讳宪辑}。明史分稿残编_{方象瑛著}。已庚编_{祁韵士编}。西藏纪述_{张海撰}。章谷屯志略_{吴德煦子和甫采辑}。万象一原_{夏鸾翔演}。埃及碑释_{陈其镰录}。木剌夷补传稿_{著人未详}。转徙余生记_{方濬颐撰}。奉使英伦记_{黎庶昌撰}。

诒年按：初集于宣统二年在北京用活版排印，二集先于光绪二十年在湖北刊行。惟先刊者名二集，后刊者为初集，类于先后倒置。又克复谅山记略两集均刊入，则莫详其故矣。此外又有拟编入丛书而未及排印者三十一种，兹将其目录列后：

骈字分笺_{艺海珠尘本，新补数十条}。音学绪余_{夏鸾翔著，稿本}。音学指明_{夏曾传著，稿本}。明史分稿_{方象瑛著，传抄本}。宋中兴政要_{从永乐大典辑出}。崇祯遗录_{明王世德著，传抄本}。启祯闻见录_{不著撰人，传抄本}。美生全案_{从各署中抄出}。溃痈流毒记_{鸦片烟事}；华夷变态记_{道咸间洋务事宜}；英人犯境录_{记道光中定海事}；襄理军务纪略_{记咸丰天津事}；以上四种皆从日本书库抄出。甲午军务丛存_{从刘忠诚军幕抄出}。盾鼻闻见录_{记洪杨军事从日本书库抄出}、两淮勘乱记_{记张洛行、苗沛霖、李世忠三人事}。转徙余生记_{记洪军时事}。罗壮勇公年谱_{从家藏原稿抄出}。朱批鄂文端公奏议未刻稿_{传抄本，皆刻本奏}

议所无者。钦定宫中则例传抄本。宋职源宋王益之著,日本抄本。元秘书监志元王士点、商企翁著,抄本。西陲总统事略汪廷楷原辑,祁韵士编纂,原刻本。振绮堂书录朱文藻稿本。藏书题识先曾祖讳诚稿本。振绮堂书目先祖讳迈孙稿本。振绮堂书目陈鳣编,稿本。振绮堂先后刊板目录无厂自撰。三十年写书记无厂自撰。四元玉鉴细草戴煦著,家藏原稿本。万象一原夏鸾翔著,原稿本。游仙窟唐张鷟著,日本抄本。

诒年按:宋中兴政要、明史分稿、万象一原、转徙余生记已刊入丛书二集内,疑先生后来欲将二集木版废弃,故复将此四种列入拟刊之目录内耳。

诒年又按:此外尚有覆刊宋本黄帝内经、明堂悉昙字记、帝范三种,亦在湖北所刊,字极精美,惜版已不存。

诒年又按:先生所著论说,载于《时务报》、《京报》、《刍言报》内者,前经诒年汇辑印行名曰《汪穰卿遗著》。又所纪朝政国故,下至闾巷琐闻,殁后掇拾,尚得数巨册,已辑成八卷印行,名曰《汪穰卿笔记》。尚有三巨册,则拟俟续印,并志于此。先生毕生辛勤,所留遗于身后者,仅此而已。

先生于师门及曾被知遇之先辈,风谊至笃。顺德李文诚公文田、衡山陈伯商编修鼎,皆先生己丑乡试受知师也。文诚公卒于光绪二十一年,身前历主文衡,藏书万余卷,不善治生,殁后家无余资,并负债巨万,遗榇回南时,先生特纠约同门诸人,集资为赙。伯商编修晚年猝被严谴,极文人薄命之厄,身后眷属流寓常熟,一家数口几于流离失所,先生亦为集资置屋,俾有安身之处。从伯子常府君守正,于诸子侄中待先生至厚,子常府君卒后,其庶出之子女三人,长者十三岁,幼者才六岁耳。先生乃并其生母迎之回杭,又经纪其家事,以教以养,俾无失所,后更为之次第婚嫁云。

先生好客,出于天性,在两湖书院时,凡名流之客于张文襄者皆与纳交。其后设《时务报》于上海,则凡在上海之名人,于政治、学术、艺能、商业负有声誉与夫来上海者,无不踵门投刺求见。先生亦无不迎候访问,夕则设宴以款之,相与谈天下大计,或咨询其所长,或征求其所闻见,故于各地之人情风俗,与其人之性情品行,无不明瞭。尝手辑一书,取平日所见之人,分省隶录,并详著其所长,题曰:曹仓人物志。其留意人材如此。先生好客之名既著,故四方人士无不愿一见先生。日本人亦皆乐从先生游。某君至,举其家藏之宝刀以相赠焉。

诒年按:金君锡侯梁所著《光宣小记》内有一则述先生事,亦足见先生之留意人材,为移录如左:

廷试听点,乡友多至殿门送考。朝考日余方与众立谈,见汪伯唐先生大燮送江穰卿同年康年入,伯唐与余向未识面,问余名。穰卿曰:予昔识金君于广坐尔,亦试觅之稠人中。伯唐四顾,及余趋前,曰昂昂千里,卓立不群,其此君耶。众皆引以为异。穰卿曰:此君自有异人处,不难识也。昔访君西湖,君方品茗三雅园,坐客已满,予觉君小异,执手问讯如故交。及君至海上,予集友宴之,数十人皆一时知名士。文芸阁廷式后至,予亦嘱觅诸坐上,芸阁一顾即得,吴彦复、欧阳石芝继至亦然。金君不凡,故易识也。时闻者皆传为美谈。

先生性好施济,遇人有急难,辄解囊相助,行客有以旅费困乏告者,谂其非虚,即如数与之不少吝。尝见一人仓皇过访,谓有要事将他适,而苦无川资,时先生实无一钱,乃解所著皮裘付质库得钱,悉以畀之。庚子夏秋间,某君仓猝离沪,已登舟矣,犹缺银币三十元,无以为计,密属人商诸先生,先生与某君志趣本不合,至是乃自持银币送诸舟,并慰藉之,郑重而别。至于亲族中之穷困者,更依时佽助,以资其生。叔母某氏,于妯娌中与先母至相得,晚年无子,境况甚窘,先生岁时馈问,未尝或缺,此亦足见先生性情之惇挚也。

先生性情外和而内刚,遇不称意事,未尝形诸辞色,有忤之者,纵极人所难堪,初不出一言以相报,待之仍如故,久之其人自愧谢,亦笑解之。盖有古人不藏怒不宿怨之风焉。然遇利害所系,辄侃侃力争,一意孤行,不以府怨为嫌,赴义若渴,如恐不及。有珠宝商信昌号,为美国某商行之总管所绐,耗资巨万。总管既避匿,商行亦不理,讼于美领事不得直,其判辞谓该商行与总管所立合同仅有经理权,并无经理总权,

所由请由该会赔偿之说，作为罢论云云。先生大愤，为代拟
一广告，欲登诸报端，俾后来者勿蹈其覆辙。顾信昌以此事
受亏已臣，若再撄西官之怒，必致更受损失，求勿宣布其事，
先生乃罢，然犹引为恨云。庚子上海梵王渡有农夫某，无故
被西人用锄击其脑几殒命，初无为之伸诉者，先生闻之，急出
巨资延某律师讼于其国之法官，卒得直判，某西人监禁三年。
先生之见义勇为，此其一斑矣。

近代史料笔记丛刊已出书目